T0197096

EDUCACIÓN,
FASCISMO Y
LA IGLESIA CATÓLICA
EN LA
ESPAÑA DE FRANCO
1939 - 1975

DRA. JOAN DOMKE

authorHOUSE®

AuthorHouse™
1663 Liberty Drive
Bloomington, IN 47403
www.authorhouse.com
Phone: 1 (800) 839-8640

Published by AuthorHouse 02/26/2018

ISBN: 978-1-5462-2779-3 (sc)
ISBN: 978-1-5462-2777-9 (hc)
ISBN: 978-1-5462-2778-6 (e)

Library of Congress Control Number: 2018901814

Print information available on the last page.

INDICE DE CONTENIDOS

LISTA DE TABLAS

LISTA DE FIGURAS

AGRADECIMIENTOS

Me gustaría dar las gracias Sr. Salvador Vergara, del Instituto Cervantes de Chicago, por su incansable ayuda en el suministro de las fuentes más actuales y pertinentes en este estudio. También, a la señora Nicia Irwin, del Equipo de Expansión de Granada, España, que hizo posible, a través de su red de contactos, que los españoles de la actualidad, haya sido una parte integral de esta investigación. La Dra. Katherine Carroll me dio valiosos consejos en la redacción del manuscrito y el doctor John Cicero me ayudó en el área de análisis de datos.

También me gustaría agradecer al Dr. Erwin H. Epstein por darme esta oportunidad, y a mi familia, especialmente a Wayne y a Rebecca, cuyo apoyo, aliento y oraciones me han sostenido durante este tiempo.

A mi madre, Providenza Sciara Cicero y
a mi padre Salvatore Cicero

RESUMEN

Las sociedades en transición son vulnerables a las enérgicas fuerzas del cambio político. Cuando el gobierno fascista de Franco derrotó al partido socialista que se había hecho con el control de1931 a 1936, se sumó a la Iglesia Católica de España. Durante la mayor parte de la historia de España, la cultura de la Iglesia establecida había sido inseparable de la identidad española y el catolicismo se enseñaba en todas las escuelas, públicas y privadas. Por lo tanto, bajo el disfraz de la religión, el gobierno utilizó el sistema educativo como medio de socialización, conectando así el nacionalismo y la religión para promover su agenda fascista.

El propósito de este estudio historiográfico es examinar las relaciones entre la escuela, el gobierno y la Iglesia en España durante el franquismo (1939 - 1975) en el contexto de las fuerzas sociales, económicas, políticas y culturales de esa nación. Se realizará un análisis de los libros de texto escritos y utilizados en la época de Franco en cuanto a su reflejo de las políticas del Estado y de la Iglesia. También se incluirán una serie de entrevistas de españoles que asistieron a la escuela durante y después de la época de Franco y se examinan bajo la lupa de los marcos conceptuales del funcionalismo estructuralista, el nacionalismo y la teoría del efecto-filtro.

CAPÍTULO 1

INTRODUCCIÓN

El presente estudio investiga si la alianza de los dos sistemas ontológicos divergentes: el gobierno fascista de Francisco Franco (1939 - 1975) y la Iglesia Católica Romana, interactuó con la educación, para fomentar un nacionalismo que era la antítesis de las raíces religiosas tradicionales de España, así como de la cultura. Para explorar esta pregunta, este estudio examina los materiales pedagógicos y políticos primarios, utilizados durante el régimen de Franco. Además, se presenta un análisis de los resultados de una encuesta desarrollada para el presente estudio de los españoles contemporáneos que fueron educados durante y después de este período. La encuesta fue elaborada para explorar las impresiones de los participantes históricos sobre las formas en que los enfoques educativos pueden haber avanzado las perspectivas y el poder del fascismo en España. Los análisis de los materiales primarios y las respuestas de la encuesta son luego ajustados para formular una respuesta a la pregunta central del presente estudio sobre la naturaleza y el efecto de la interactuación del gobierno de Franco y la Iglesia Católica con la educación durante este período. El estudio concluye con una discusión de esta investigación, sus limitaciones y su relevancia en los campos de la historia y la educación comparada.

Historia de la relación entre Iglesia y Estado

Históricamente, las relaciones entre Iglesia y Estado estuvieron ligadas a muchos niveles de la política y la gobernabilidad en España. Sin embargo, a pesar de estos vínculos, la Iglesia se mantuvo conservadora durante el siglo XIX, mientras que el estado se vio influenciado por las ideas liberales modernas que estaban barriendo Europa. Según el historiador Stanley Payne, el liberalismo contribuyó a crear la primera división entre la Iglesia católica española y el gobierno de España desde el siglo VIII. Esta alteración en la relación conceptual y política que la Iglesia y el Estado habían mantenido debilitó la seguridad económica de la Iglesia y sirvió para alterar el marco fundamental del pensamiento religioso de la nación.[1]

Mientras que el liberalismo en la Europa del siglo XIX fue un movimiento de reforma que difería en cada país y que con mayor frecuencia refutaba los marcos de creencias existentes. Esta oposición produjo un cisma entre las élites de la clase media y superior de españoles que abrazaron las ideas liberales, tales como limitar el poder real y la formación de un gobierno parlamentario, así como de líderes religiosos que fomentaron una reacción nacionalista emergente. En los países católicos como España, los liberales en general se opusieron a los objetivos políticos de la Iglesia.[2] El gobierno liberal se introdujo en España durante la ocupación francesa de 1808-1814 que siguió a las guerras napoleónicas.[3]

Como comenta Payne, la resistencia a estas ideas y la ocupación fue encabezada por sacerdotes y monjes que se convirtieron en los líderes de los grupos guerrilleros que pretendían impulsar las ideas francesas y los militares franceses de España. A lo largo de la nación, los monjes que

---

[1] Stanley G. Payne, *Spanish Catholicism, An Historical Overview* (Madison: The University of Wisconsin Press, 1984), 71.

[2] José M. Sánchez, *The Spanish Civil War as a Religious Tragedy,* (Notre Dame, Indiana: University of Notre Dame Press, 1987), 33.

[3] A partir de 1810 - 1814 los franceses ocuparon España. Napoleón encarceló al rey español Carlos IV y a su hijo y nombró como monarca a su propio hermano, José Bonaparte. Posteriormente, se formaron comités o *juntas* locales en las regiones no ocupadas de España en un intento de recuperar algo del poder político. Después de algunas derrotas militares, los grupos huyeron de Sevilla y se reunieron por primera vez como casa parlamentaria, llamándose *Cortes,* el 12 de septiembre de 1810. Escribieron así la Constitución Española de 1812, basándose en los principios democráticos, similares en muchos aspectos a los de la Constitución Francesa de 1791. Véase Albert P. Blaustein, *Constitutions of the World* (Nashville: Carmichael and Carmichael, Inc., 1993), 22 and John Cowans, *Modern Spain: A Documentary History* (Philadelphia: University of Pennsylvania Press, 2003), 14.

habían sido desacreditados en el siglo anterior y los sacerdotes hicieron un llamamiento a los seguidores religiosos, para restaurar el "llamado divino" de España, con una resolución que fue única entre las naciones conquistadas por Napoleón.[4]

Las guerras napoleónicas obligaron a España a centrarse en los problemas locales, lo cual da como resultado la pérdida de las colonias españolas en América Central y del Sur. Aunque la victoria contra Napoleón, menos de un siglo más tarde, durante la Guerra de 1898, depararía la pérdida de los restantes territorios españoles de ultramar - Cuba, Puerto Rico, Guam y Filipinas. Durante dicho período estas derrotas generaron una profunda crisis de identidad y autoridad moral en España. A finales de siglo, la Generación del 98, un grupo de novelistas españoles, poetas, ensayistas y filósofos, ya con mayoría de edad en 1898, se enfrentaron a estos problemas de la sociedad en sus escritos. El mismo término, Generación del 98, también describe un movimiento cultural que pretendía cambiar la ética española.[5] Este grupo de intelectuales españoles descrito anteriormente consideraba a España como un país arcaico que no podía entrar en el siglo XX. Se opuso a la estrechez y a las limitaciones de las zonas rurales, la religiosidad supersticiosa y trató de hacer de España una nación intelectualmente vigorosa a través de la educación. El esfuerzo de la Generación del 98 para acelerar la regeneración de España afectó a la literatura, la ciencia, la medicina y la educación. El impulso para este movimiento vino de todas partes de España. Miguel de Unamuno (del País Vasco), Azorín [seudónimo de José Martínez Ruíz] (de Valencia), Valle-Inclán (de Galicia) y Antonio Machado (desde Andalucía), conocido sobre todo por sus críticas a la literatura española y al sistema educativo. Aunque todos eran españoles, sus ideas tenían raíces en los escritos de pensadores extranjeros, sobre todo, en el teórico danés Søren Kierkegaard. Miguel de Unamuno (1864 - 1936) fue la figura clave de este grupo; emprendió el estudio del danés para poder leer los escritos de Kierkegaard en el idioma original.[6]

---

[4] Payne, 72.

[5] Sánchez, 7.

[6] Steven Schroeder, *Tragic Sense of Life- Sentimiento trágico de la vida (Barnes and Noble Library of Essential Reading) por Miguel de Unamuno,* (New York: Barnes and Noble Publishing, Inc.), 2006, Introduction and Suggested Reading; (Original publicado en 1913), XII.

Influencias Globales sobre la Generación del 98

El filósofo y teólogo crítico influyente, Kierkegaard, nació en 1813 y vivió en Copenhague la mayor parte de su vida. Sus escritos no fueron muy bien valorados durante su vida y fueron relativamente desconocidos fuera de la Iglesia danesa. Pero después de su muerte en 1855, muchas de sus obras fueron traducidas a varios idiomas, incluyendo el español. La Generación del 98 abrazó las ideas de Kierkegaard, que se asocian con la Ilustración alemana.[7] Kierkegaard afirma que los seres humanos por sí mismos son incapaces de saber cualquier cosa que es cierta; sólo a través de un acontecimiento milagroso en sus vidas es como pueden adquirir tal conocimiento.[8] Después de desarrollar un tipo de absoluto escepticismo, sostuvo que la solución a la ignorancia fundamental del hombre reside en primer lugar en el reconocimiento de su trágica situación y en buscar una manera de salir de esa situación a través de una fe que puede ser una forma de contacto entre el hombre y Dios. Sin embargo, en vista de las limitaciones del conocimiento humano, no tenemos forma de probar la existencia de Dios como un objeto en nuestro mundo histórico. Si definimos a Dios como muchos teólogos lo hacen, como un Ser eterno e inmutable, puede ser posible plantear que existe exactamente lo contrario de Dios, es decir, que todo lo que experimentamos es temporal y cambiante. Sin embargo, podemos tomar "el salto al absurdo" y una decisión para "creer" en albergar fe sobre la existencia de algún agente llamado "Dios". Kierkegaard utilizó su teoría para defender una interpretación novedosa del cristianismo. Afirmó que el milagro de la iluminación se llevó a cabo a

---

[7] Uno de los fundadores de la Ilustración alemana, GE Lessing, (1729-1781), tuvieron una gran influencia en la teología moderna incluyendo los escritos de Kierkegaard. Ver James C. Livingston, *Modern Christian Thought: The Enlightenment and the Nineteenth Century,* (Minneapolis: Fortress Press, 2006), 31.

[8] En *Filosofical Fragment*, (traducido del danés por David F. Swenson, Princeton: Princeton University Press, 1936). Kierkegaard comienza con la teoría paradójica socrática en Menón, que pregunta: "¿Hasta dónde puede admitirse que la verdad se ha aprendido?" En lugar de llegar a la conclusión de Platón de que no podemos adquirir conocimiento a través del aprendizaje, la solución de Kierkegaard era que si uno no puede "aprender" algo, entonces el conocimiento debe ser adquirido por un tipo de cognición instantánea a la que él llamó la "iluminación". Kierkegaard afirmó que la causa de esta iluminación era igual a lo que él llamó "Dios".

través de la encarnación de Jesús, que es la manifestación de Dios en forma humana en la historia, lo cual proporciona la salvación a quienes creen. El tema crucial en la versión de Kierkegaard del cristianismo era que cada individuo debe encontrar su propia solución, puesto que la verdad existe solamente en la certeza subjetiva, personal del creyente.[9]

La filosofía de Kierkegaard no fue aceptada por la Iglesia Católica, pero fue bien acogida por muchos intelectuales de principios del siglo XX en España. La Generación del 98, presentó el relativismo en España como una visión del mundo en contraste con los siglos de creencias Iglesia tradicional del absolutismo, donde valores como la verdad y la moralidad son absolutos y no están condicionados a la percepción humana.[10] Unamuno y otros estaban enfocados en una dirección individualista de pensamiento que los llevó a la idea de un "alma" española que excluía a los extranjeros, definidos como semitas, es decir judíos y musulmanes.[11] Este punto de vista fue muy

---

[9] Sylvia Walsh, *International Kierkegaard Commentary, Philosophical Fragments and Johannes Climacus*, "Echoes of Absurdity: The Offended Consciousness and the Absolute Paradox in Kierkegaard's Philosophical Fragments", ed. Robert L. Perkins (Macon, Georgia: Mercer University Press, 1994), 33-46.

[10] Esta postura no ha cambiado a lo largo de los siglos. Incluso hace muy poco, poco antes de ser elegido Papa, el cardenal Joseph Ratzinger pronunció una denuncia fulminante del relativismo. Sin embargo, a finales de los siglos XIX y XX, se produjo un movimiento intelectual llamado regeneracionismo. La palabra es de origen médico y fue utilizado políticamente para significar lo contrario de la corrupción. El término también significa el período de tiempo entre los años 1898, cuando España perdió el resto de sus colonias, y 1923, el comienzo de la dictadura de Primo de Rivera. Influenciado por otros intelectuales de la época, entre ellos los krausistas, los partidarios de este movimiento, que abogaban por la libertad de expresión en las universidades, así como las escuelas españolas reformadas después de las de Europa Occidental. El Regenaracionismo y la Generación de 98 eran esencialmente movimientos diferentes, pero tenían en común pesimismo hacia España. El antiguo grupo utilizaba métodos objetivos, documentados para afectar el cambio, mientras que el segundo expresaba sus críticas a través de medios más subjetivos, como la literatura y las artes. Sin embargo, algunos solapamientos se ven, por ejemplo, en la colaboración de Miguel de Unamuno con la revista regeneracionista, *España Moderna* (1889 - 1914) Véase Lucas Mallada, *La Futura Revolución Española y Otros Escritos regeneracionistas* (Madrid: Biblioteca Nueva, SL Editorial, 1998), Introducción [Introducción].

[11] En una de las novelas de Unamuno, Abel Sánchez, el personaje principal se identifica con la figura bíblica de Caín y llama envidia "la plaga de la sociedad, la

similar a las ideas nacionalistas en la Alemania del Volkgeist, etablecido por Johann Gottfried von Herder (1744-1803). Herder creía "que cada nación tiene su propio particular" genio 'especial'. Por lo tanto, lo que está bien para una nación no puede ser adecuado para otra nación y por ello cada nación debe esforzarse por expresar su particular 'Volkgeist.'[12]

Las relaciones entre Iglesia y Estado en Alemania

En Alemania en la década de 1930, algunos obispos católicos pidieron a sus electores mantener con vigor los ideales más ortodoxos en las escuelas, a riesgo de sufrir represalias por parte de su gobierno fascista. El New York Times informó acerca de una carta pastoral leída a las congregaciones católicas en Alemania durante dos domingos consecutivos en septiembre de 1936:

> El partido Nacional Socialista ha lanzado a la prensa alemana para el periódico de mañana por la mañana un amargo ataque a los obispos católicos de Alemania y en particular a su carta pastoral, que defiende las escuelas sectarias, y que espera ser leída desde los púlpitos católicos este domingo y el domingo siguiente. El artículo fue publicado en el *Frankfurter Volksblatt*, un órgano dirigente del partido. Fue escrita por Gustav Staebe, editor del periódico y ex jefe de prensa de las Juventudes Hitlerianas, y por su parte, el servicio de noticias del Gobierno está dándole una distribución nacional. Afirma, brevemente:

---

gangrena íntima del alma española, un cáncer mortal que engendra el complejo virulento de la persecución y la victimización" (Introducción y traducción al inglés de Susan G. Polansky en la serie, *European Masterpieces Cervantes & Co., Spanish Classics Nº 35*, Carnegie Mellon University, 2008, "Abel Sánchez", de Miguel de Unamuno, OC III 284-85).

[12] Erwin H. Epstein and Katherine T. Carroll, "Abusing Ancestors: Historical Functionalism and the Postmodern Deviation in Comparative Education", *Comparative Education Review*, vol. 49, no. 1, February 2005.

"¿Existe la posibilidad de tratar otro tema en una conferencia del clero alemán que no sea España y el bolchevismo? No deberían todos los buenos católicos esperar, a la vista de este temor, que todos los demás debates sean abandonados y todos los laicos vayan desde sus púlpitos a unirse a alguna organización del partido Nacional Socialista para defender lo mejor posible a las iglesias, claustros, sacerdotes, monjes y monjas?

Sin embargo La Conferencia Episcopal de Fulda tiene otros problemas. El Papa no llora [por España] al igual que su predecesor en tiempos de guerra. Los obispos alemanes no lloran. Ellos no disponen de tiempo en el momento presente. Se sientan, una y otra vez, a discutir sobre el tema de las escuelas sectarias o no sectarias. Esa se supone que es la pregunta más importante en septiembre de 1936 y, como es natural, emiten otra carta pastoral.

Se refieren a lo mismo: 'la batalla librada por la posesión de lo más absoluto y de lo más sagrado', pero no en la Rusia soviética o en España, sino en Alemania. Hablan de 'santos mártires que fueron alegres hacia su muerte, no en la Rusia soviética, no en España, sino en Alemania, con el fin de preservar la escuela sectaria.'[13]

De una manera sarcástica, el gobierno fascista de Alemania reprendió a los obispos católicos por luchar por que sus escuelas fueran un medio para preservar su forma de vida de las incursiones del gobierno. Al final del mismo artículo, los obispos son citados como si dijeran a los laicos,

Estimados Diocesanos: No se dejen engañar por las consignas. ¿Cómo se han engrandecido Alemania y el pueblo alemán? ¿No fueron el matrimonio de carácter alemán o el cristianismo quienes crearon la nación

---

[13] "Nazi Party Scores Catholic Bishops: Pastoral Letter to be Read in Churches Sunday Bids Parents Stand Firm", *The New York Times,* September 25, 1936.

alemana unificada e hicieron al pueblo alemán capaz de los grandes logros culturales que todo el mundo respeta y admira? Hoy como siempre, tal como el Führer ha dicho con tanta eficacia, el cristianismo es la 'base indestructible de la vida moral de nuestro pueblo" ... ¿Cómo podría el cristianismo cumplir la importante tarea a la que ha sido llamado, si no mantiene la pureza sin mancha en los corazones de los hombres y mujeres alemanes, si no está impresa en las almas de los niños de temprana juventud? Ese es el propósito de la escuela sectaria, la escuela católica. De hecho no existe enemigo alguno de la unidad nacional. ¿Dónde está el amor de la patria, del hogar y las personas más profundamente arraigadas? ¿Dónde está el sentido de la responsabilidad para el pueblo en su conjunto y para el Estado, establecidos de manera tan firme?

En cambio, la mayoría de los obispos españoles no criticó el gobierno fascista de su país, ni llamó a los padres católicos para supervisar las escuelas católicas o la educación.[14] De hecho, como país derrotado a nivel internacional, el estrecho nacionalismo de España siguió haciéndose más fuerte.

Guerra Civil y la Iglesia Católica

Después de que el ejército de la dictadura del general Primo de Rivera fracasara en 1931 y el rey Alfonso XIII abandonara el país poco después, se formó la Segunda República Española sin derramamiento de sangre por una coalición de facciones. Sin embargo, los elementos radicales, como anarquistas y comunistas, así como los nacionalistas catalanes, se infiltraron en el Partido Republicano liberal y de esta forma surgieron mezquinas tiranías. El descontento creció y estallaron sangrientos enfrentamientos tempranamente en 1934.[15] El conflicto entre aquellos que tenían las ideas

---

[14] Payne, 175.
[15] Dorothy Loder, *The Land and People of Spain* (New York: J. B. Lippincott Company, 1955), 65-66.

más liberales de la intelligentsia y los que seguían la doctrina de la Iglesia Católica alcanzó su punto álgido en la Guerra Civil española de 1936. La victoria de los nacionalistas sobre los republicanos en 1939, con la ayuda de Mussolini y Hitler,[16] dio lugar a la remodelación de España en un estado semi-fascista por su general convertido en dictador, Francisco Franco.[17] Los clérigos fueron atacados tan despiadadamente que el derramamiento de sangre sólo puede compararse al de la Guerra Civil Rusa de 1917, la revolución comunista. Cerca de 7.000 clérigos fueron asesinados en una masacre que superó la carnicería de la Revolución Francesa.[18] Al cabo de los treinta días del inicio de la guerra, los líderes de la Iglesia se pronunciaron a favor del movimiento militar. Poco después de eso, el arzobispo español Pla y Deniel ofreció a Franco la residencia de la arquidiócesis en Salamanca para su sede oficial. El 30 de septiembre de 1936, el obispo Pla, en un sermón pastoral, dijo que la Iglesia no podía ser criticada,

> porque se ha hablado abiertamente y oficialmente a favor del orden contra la anarquía, a favor de establecer un gobierno jerárquico contra el comunismo disolvente, a favor de la defensa de la civilización cristiana y su bases, la religión, la patria y la familia, en contra de los sin Dios y contra Dios y los apátridas.[19]

---

[16] Stanley G. Payne, *Franco and Hitler, Spain, Germany, and World War II* (New Haven, Connecticut: Yale University Press, 2008), 24-26.

[17] Según Payne, la nación española era tan heterogénea que el término "semi-fascista 'describe con mayor precisión el gobierno de Franco que simplemente' fascista." El núcleo de falangistas (el partido fascista español)... desempeñó sólo un pequeño papel en el nuevo estado y mantuvo tan sólo una pequeña minoría de cargos en el nuevo sistema. Ni siquiera controlaba gran parte de la administración del nuevo partido estatal, la Falange Española Tradicionalista. La adición del último adjetivo, que refleja la fusión nominal con los carlistas, pone de manifiesto las principales limitaciones de la derecha dentro del fascismo del nuevo régimen. Que ese temprano franquismo contenía un componente importante del fascismo es innegable, pero estaba tan restringida a una estructura derechista, pretoriana, católica y semipluralista, que sería probablemente más preciso aplicarle la categoría de 'semifascista'. Stanley G. Payne, *Fascism, Comparison and Definition,* (Madison: University of Wisconsin Press, 1980), 153.

[18] Payne, *Spanish Catholicism,* 167-8.

[19] Payne, *Spanish Catholicism,* 167-8.

Con sólo tres (de quince) disensiones, fue firmada una "carta colectiva" por la jerarquía eclesiástica española, respaldando la lucha del general Franco en la Guerra Civil, pese a que la carta no respaldaba una forma específica de gobierno.[20] Aunque no se deseaba apoyar públicamente el autoritarismo, algunos clérigos insistieron en que el totalitarismo español sería distinto y que el nacionalismo español sólo podía ser exclusivamente católico. Por lo tanto, para ellos, el totalitarismo representaba una clase de sistema autoritario que fomentaba la unidad cultural y religiosa. Esta posición fue apoyada en una Carta Encíclica entregada en Roma el 19 de marzo 1937 por el Papa Pío XI. Gran parte de la encíclica fue una advertencia de la propagación del "bolchevismo y el comunismo ateo, que tiene por objeto alterar el orden social y socavar las bases mismas de la civilización cristiana."[21] En concreto, este documento exigía que el Estado debía luchar contra cualquier forma de comunismo o fuerzas impías. En relación a los gobiernos declaró:

> Esto significa que toda diligencia debe ser ejercida por los Estados para evitar los estragos de una campaña anti-Dios, que dentro de sus territorios, pueda sacudir a la sociedad desde sus cimientos. Porque no puede haber ninguna autoridad en la tierra a menos que reconozca la autoridad de la Majestad Divina; sin su juramento se determinará que no está comprometido en el Nombre del Dios Viviente. Repetimos lo que hemos dicho con insistencia frecuente en el pasado, sobre todo en Nuestra encíclica Caritate Christi: "¿Cómo se puede mantener contrato alguno y qué valor puede tener cualquier tratado donde exista carencia de todas las garantías de la conciencia? ¿Y cómo se puede hablar de garantías de conciencia cuando toda la fe en Dios y todo temor de Dios han desaparecido? Si quitas esta base, toda la ley moral se cae con ella, y no hay remedio posible

---

[20] One bishop (or archbishop) represents each of Spain's fifteen dioceses.

[21] Pope Pius XI, *"Divini Redimptoris, Encyclical of Pope Pius XI on Atheistic Communism to the Patriarchs, Primates, Archbishops, Bishops, and other ordinaries in Peace and Communion with the Apostolic See"*, Vatican: Rome, 1937, 1.

para detener la destrucción gradual e inevitable de los pueblos, las familias, el Estado y la civilización misma. "[22]

A lo largo de este período, el liderazgo católico en España había capitulado ante el nacionalismo totalitario. El nacionalismo había superado el catolicismo.[23]

La Guerra Civil y el Gobierno Español

En España entre 1933 y 1936, la Confederación Española de grupos Derechistas Autónomos (CEDA) se convirtió en el mayor partido político del país. Sus objetivos fundamentales eran vagos, pero el partido se movió hacia una república católica más autoritaria y corporativa. La CEDA tenía su propio movimiento juvenil y adoptó un saludo oficial con el brazo medio elevado, imitando el saludo alemán e italiano.[24] El fascismo español se desarrolló a partir de dos grupos separados: uno, la Falange Española (FE), fundada por José Antonio Primo de Rivera, que defendía una vuelta a los días de grandeza en que España tenía su imperio y un segundo grupo, Juntas de Ofensiva Nacional-Sindicalista (JONS), fundado en octubre de 1931 por Ramiro Ledesma Ramos e integrado por trabajadores y estudiantes. Ledesma tenía la intención de crear un nuevo estado usando las fuerzas sindicales como base de su poder político. Aunque no estaban

---

[22] Ibid., quoting Encyclical *Caritate Christi,* May 3 1932 (A.A.S., vol. XXIV, p. 184).

[23] Para un estudio relacionado con la región vasca, ver Fernando Molina, *"El reinado de Cristo sobre la nación: La cuestión vasca en la República Española, 1931 - 1936",* Nacional de Identidades (Londres, Psychology Press, 2011), 13: 1, 17-33.

[24] La Juventudes de Acción Popular (JAP) utilizó un saludo fascista modificado. "(T) se levantó el brazo derecho a la mitad, a continuación, dibuja la espalda contra el pecho." Payne, *The Franco Regime, 1936-1975* (Madison: University of Wisconsin Press, 1987), 46. Pero el saludo fascista, oficial en España desde 1937, fue prohibido en 1945 ya que el partido falangista se hizo más débil después de la caída de la Alemania nazi. Payne, *A History of Fascism, 1914-1945,* Madison: University of Wisconsin Press, 1996), 435.

totalmente de acuerdo, los dos grupos se fusionaron para convertirse en el movimiento fascista de España llamado la Falange Española de las JONS.[25]

Fascismo y libros de texto

Durante este tiempo, una figura literaria joven, Ernesto Giménez Caballero,[26] escribió *España Nuestra, El Libro de las Juventudes Españolas.* Publicado en 1943, el libro fue fundamental para el programa de estudios sociales utilizado en las escuelas primarias durante el régimen de Franco.[27] Caballero, uno de los primeros grandes defensores de la doctrina fascista en España, trató de inculcar valores ideológicos falangistas en la juventud española a través de este libro de texto escolar. Las creencias de Caballero estaban más cerca de Italia que del fascismo alemán. Él no sólo estaba casado con una italiana, sino que también, después de un viaje a Italia en 1929, cuando se declaró fascista, escribió que creía que una cultura fascista católica latina sería la "principal esperanza para la renovación cultural de los países centrales de la histórica cristiandad latina".[28] Vale la pena señalar que la introducción de *España nuestra*, fue escrito "a los maestros y familiares

---

[25] Ron Wilhelm, "España nuestra: The molding of primary school children for a fascist Spain", *Journal of Curriculum and Supervision,* Vol. 13, No. 3 (1998: 255).

[26] Caballero Giménez fue un prolífico autor español durante el curso de su vida (1899-1988). Desde que su familia poseía una empresa de impresión, algunas de sus obras fueron auto-publicadas. Otras fueron puestas en circulación tras su muerte. Sus trabajos incluyen *Notas marruecas de un soldado,* imp. Ernesto Giménez (autoeditado), Madrid 1923; Carteles [Por Gecé], Espasa Calpe, Madrid 1927*; Los toros, Las castañuelas y la Virgen,* Caro Raggio, Madrid 1927; *Yo, inspector de alcantarillas*; Biblioteca Nueva, Madrid, 1928, *Hércules Jugando a los dados,* La Nave, Madrid 1928; *Julepe de menta,* La Lectura, Madrid 1929; Genio de España, Ediciones de La Gaceta Literaria, Madrid 1932; *Lengua y Literatura de la hispanidad,* (Volúmenes Tres) Síntesis, Madrid 1953; *Memorias de dictador,* Planeta, Barcelona, 1979; *Retratos españoles* (Bastante parecidos), Planeta, Barcelona, 1985; *Cartageneras,* Ediciones Isabor, Murcia, 2007; *Sprinters,* Ediciones Isabor, Murcia, 2008.

[27] Giménez Caballero fue asesor de Franco y fue comisionado por él para escribir los libros de texto escolares. Para más detalles sobre *España Nuestra,* véase el Capítulo 4.

[28] Stanley G. Payne, *Fascism: Comparison and Definition* (Madison: The University of Wisconsin Press, 1980), 145.

de nuestras Juventudes."[29] Más del cincuenta por ciento de los maestros de España fueron expulsados de sus puestos cuando los nacionalistas llegaron al poder en 1939. Por lo tanto, la introducción de este libro de texto sirve para alertar a los instructores que uno de los principales temas del libro era el "Doble Amor Religioso y español: ¡Padre nuestro! ¡Nuestra España!".[30]

Para Giménez Caballero y otros fascistas españoles, el fascismo estaba intrincadamente entrelazado con el catolicismo. A los niños se les enseña en la escuela que Cristo y los destinos de España eran uno y el mismo. Por ejemplo, en un mapa del esquema de España en *España Nuestra*, un Cristo crucificado se impone con los brazos extendidos desde los Pirineos hasta Galicia y el pie de la cruz se extiende al sur de Gibraltar (véase la figura 1).

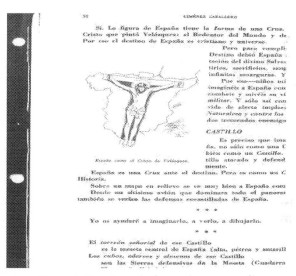

Figura 1. España en la forma de una cruz.[31]

---

[29] Ernesto Giménez Caballero, *España Nuestra, el Libro de la Juventudes Españolas* (Madrid: Ediciones de la Vicesecretaria de Educación Popular, 1943), 5. [Esta y todas las traducciones posteriores del original en español son de Joan Domke, a menos que se indique lo contrario.]
[30] Giménez Caballero, Introducción, 5.
[31] Ibid., 30.

Dra. Joan Domke

Caballero dice a los jóvenes españoles que sufran y se sacrifiquen como lo hizo Cristo:

> La figura de España tiene la forma de una Cruz. Y recuerda al Cristo que pintó Velázquez: al Redentor del Mundo y de los hombres. Por eso el destino de España es cristiano y universo.
>
> Pero para cumplir este sublime Destino debió España siempre, a imitación del divino Salvador, sufrir martirios, sacrificios, sangre derramada, infinitas amarguras. Y duras luchas.
>
> Por eso – niños míos – es preciso imaginéis a España como un perpetuo combate y miréis su vida con *mirada militar.*
>
> Y sólo así comprenderéis su vida de alerta implacable *contra la Naturaleza* y *contra los Hombres,* esos dos tremendos enemigos.

En la observación cercana del mapa que acompaña a la amonestación anterior, es plausible ver España geográficamente parecida a una cruz. Por lo tanto, si a los niños no se les enseña a cuestionar lo que leen en la escuela o a pensar críticamente, como consecuencia podría ser fácilmente asociado visualmente un sentido falso a la forma del país. Y ya que los maestros podrían haber sido reacios a corregir esta asociación visual deliberada, fueron perseguidos inmediatamente después de la Guerra Civil en 1939. Por otra parte, la obra de arte de Velázquez pintada en 1630, representa a Cristo en la cruz y sin ninguna visión de agonía (Figura 2). Si los estudiantes no hubieran visto esta pintura antes de su inclusión en *España Nuestra*, podrían haberse perdido el motivo sobre el que Caballero estaba tratando de impresionarles acerca del martirio de sufrimiento y la sangre brotando.

Figura 2. El Cristo de Velázquez[32]

En 1920, Miguel de Unamuno escribió un largo poema titulado, "El Cristo de Velázquez" en el que utilizó partes del existencialismo de Kierkegaard como forma de tejer el existencialismo en su propia interpretación de la pintura de Velázquez.[33] Uniendo España y la figura de Cristo en su poesía, Unamuno volvió a examinar los valores tradicionales de su país. En "El Cristo de Velázquez", escribió que quería "una nueva visión de la Realidad; Una reinterpretación de la tradición. Estos conceptos se basaban en el idealismo alemán, principalmente en lo que Wilhelm Dilthey llamó *verstehen* (comprensión interiorizada). Esta es una de las principales ideas del pensamiento postmodernista que destaca alguna conexión instintiva entre el individuo y la nación.[34] Dilthey creía que no hay valores universales y que cada individuo tiene la fuente de la felicidad dentro de sí mismo. Además, cada sociedad posee el ideal de su

---

[32] Giménez Caballero, *España Nuestra,* 172.

[33] Victor G. de la Concha, *El Cristo de Velazquez* (Madrid: Espasa – Calpe, 1987), 44.

[34] "La política postmodernista es la política de la diferencia, de deconstrucciones continuas de las construcciones vigentes de sentido común, que habían servido para estructurar de forma implícita el cumplimiento de los grupos marginados. Pero ahora estos diversos grupos tienen la "voz" de su propia causa. Esta ya no es la política de clase donde todo ha de estar limpio y ordenado. "Ver *Re-schooling Society, Educational Change and Development* (Routledge: Abingdon, UK, 1997), 38.

propia perfección independientemente de otros países. Desde que Dilthey creyó que "la vida es un enigma", y que el hombre es "inefable", no hay objetividad porque todo depende de la propia voluntad. Por lo tanto, rechazó el razonamiento metafísico como conocimiento. Dilthey razonó que podemos llegar al *verstehen* cuando el Espíritu vuelva a descubrir la "vida del alma", que es relativo y no es universal o unida a cualquier otra cosa.[35]

Un segundo ejemplo de *España Nuestra* es un retrato del general Francisco Franco como un día moderno *El Cid*, héroe clásico de España[36]

> Franco: es el héroe de romance como el *Cid* - y así le llaman también sus queridos moros: Sidi[37] -, que siguió la ruta de Burgos a Valencia.

> Y tiene Franco destino de reconquista, como los primeros reyes cristianos que salieron de su propia tierra natal.[38]

Así, aprovechando la popularidad a lo largo de los siglos de El Cid como un héroe de guerra que lucharon para unificar España, Caballero destacó las medidas de Franco durante la Guerra Civil Española, como un eco de la grandeza del héroe anterior. La adaptación de estos y muchos otros artefactos que se celebraron profundamente en la conciencia española para desarrollar una sensibilidad fascista en la educación, constituye un elemento central del marco analítico del presente estudio. Un método cualitativo, no matemático, se utilizó para examinar tanto la documentación que se encuentra en colecciones de archivos de la Iglesia católica española y el gobierno español, como la que se halla en varias ciudades y en los libros de texto utilizados en las escuelas españolas durante el período en estudio.

---

[35] Epstein and Carroll, 70 – 75.

[36] El Cid, cuyo verdadero nombre era Rodrigo Díaz, nació alrededor del año 1040 en Vivar del Cid, que se encuentra en lo que hoy es Castilla.

[37] 37 El nombre de El Cid viene del sidi árabe que significa "señor".

[38] Giménez Caballero, *España Nuestra,* 172.

Marco Teórico

La teoría fundamental originalmente desarrollada por Barney Glaser y Strauss Anselmo, son la fuente de la estructura de investigación en el presente estudio. Este enfoque permite al investigador modificar sus hipótesis de cómo la pruebas son descubiertas, desarrollando una "teoría que se deriva de los datos recogidos y analizados a través del proceso de investigación sistemático. En este método, la recopilación de datos, análisis y eventual teoría están en estrecha relación el uno con el otro "a través del proceso del *plan resultante*.[39] Este enfoque combina un modo inductivo, a través del cual se dieron a conocer los patrones y las principales dimensiones, con un énfasis más deductivo en la verificación y aclaración de la conclusión.[40]

El funcionalismo estructuralista, el nacionalismo y la teoría del efecto filtro son los marcos conceptuales para la investigación en este estudio. Científicos de política comparativa, tales como Gabriel Almond, et al., definen el funcionalismo estructuralista como un proceso mediante el cual una cultura pasa por sus valores y creencias a las generaciones sucesivas. En este proceso las familias, las escuelas, las comunidades y los partidos políticos se convierten en el vehículo.[41] Una función del funcionalismo estructuralismo estructural, la socialización política, es un concepto de vital importancia para el presente estudio, ya que desde los libros de texto se reflejan las ideas que son aprobadas por la cultura existente y son los instrumentos en el establecimiento de la socialización política que se espera en cada generación venidera. El examen de los libros de texto, como *España Nuestra* y otras materias pedagógicas, brindan una comprensión de la medida en que los valores clave, como el nacionalismo, se interponen con fines de control social. La teoría del efecto filtro es un

---

[39] Barney Strauss, Anselm Strauss, and Juliet Corbin, *Basics of Qualitative Research: Techniques and Procedures for Developing Grounded Theory,* (Thousand Oaks, CA: Sage Publications, 1998), 12.

[40] Thomas H. Schraum, *Conceptualizing Qualitative Inquiry: Mindwork for Fieldwork in Education and the Social Sciences* (Upper Saddle River, NJ: Pearson Education, Inc., 2003), 21-22.

[41] Gabriel Almond, G. Bingham Powell, Jr., Kaare Strom, and Russell Dalton, *Comparative Politics Today: A Theoretical Framework, 5/E* (London: Longman, 2008), 20.

concepto importante en la educación comparada, pues sirvió como tercer marco analítico para investigar los elementos pertinentes de este estudio. Desarrollado por Erwin H. Epstein, esta teoría propone que el grado de internalización del nacionalismo por los escolares depende, en parte, de la distancia de la escuela a partir de un "centro cultural". Estos tres marcos son relevantes para una investigación de la España de Franco, ya que proporcionan herramientas para examinar las formas históricas tradiciones y las estructuras políticas actuales, que pueden estar coordinadas para controlar y manipular el desarrollo de las políticas educativas en una nación y obligar a las escuelas a generar el patriotismo en sus estudiantes.

Estudios anteriores han interpretado la escolarización durante el franquismo mediante una variedad de enfoques distintos. Por ejemplo, aunque hay muchas explicaciones para las causas de la Guerra Civil española y el posterior cambio hacia el fascismo, una teoría que ha ganado una considerable atención académica es que este conflicto fue esencialmente una guerra de clases.[42] Los que apoyan esta posición afirman que la izquierda política dominaba las provincias más ricas de España (es decir, los que tienen el más alto ingreso de renta per cápita), mientras que el movimiento nacionalista se localizaba principalmente en las regiones más pobres y agrarias, cuya principal orientación religiosa era la católica.[43] Una teoría que podría explicar este fenómeno de manera más eficaz que un análisis de la estricta lucha de clases, es la teoría del efecto filtro. Propuesto por Erwin H. Epstein, la teoría del efecto filtro tiene en cuenta dónde se encuentran las escuelas en relación con un "centro cultural".[44] Epstein postuló que los niños de zonas rurales pobres eran más propensos a apoyar una agenda nacional que los que vivían en áreas urbanas. Es decir, las escuelas enseñan de manera más eficiente el patriotismo y la asimilación cuando los niños tienen menos exposición a un amplio entorno político, como lo han hecho en las ciudades. Debido a las convencionales y limitadas influencias culturales, las escuelas de las zonas rurales pueden

---

[42] Payne, *Spanish Catholicism*, 174.

[43] Frances Lannon, *Privilege, Persecution, and Prophecy* (Oxford: Clarendon Press, 1987), 5.

[44] Erwin H. Epstein, "National Identity Among St. Lucian Schoolchildren", ed. Juan Manuel Carrión, *Ethnicity, Race, and Nationality in the Caribbean* (San Juan: University of Puerto Rico, 1997), 348 – 349.

presentar paradigmas favorables sobre la vida nacional, como parte del plan de estudios nacional, ya que los niños están expuestos a una escasa concurrencia de imágenes y estímulos en conflicto. De esta manera, las escuelas rurales llevan a cabo más eficazmente esta tarea como filtro de la realidad.[45]

Una encuesta reciente de españoles que asistieron a la escuela en cualquier momento durante el régimen de Franco (1939 - 1975) hasta la actualidad, proporciona importantes datos originales para el presente estudio. Los recuerdos de estos encuestados se compararon con las instrucciones escritas del Ministerio de Educación y los registros de la aplicación real de estas directivas en las escuelas. Los resultados de esta comparación se clasificaron, en función de varios criterios. Un criterio clasifica a los encuestados en función de si sus escuelas estaban localizadas en los pueblos o en las ciudades. Los encuestados también fueron divididos por el recuerdo de la cantidad y la intensidad de la religión católica que se les enseñó en la escuela. Se les preguntó si este contenido era compatible o estaba en conflicto con lo que se enseñaba en su casa. Se plantearon preguntas en este estudio con el fin de determinar si los participantes experimentaron contradicciones entre el plan de estudios patrocinados por el gobierno y su cultura de origen y / o religión. Otras preguntas trataron de explorar las posibles relaciones entre la afiliación política y el nivel educativo de los encuestados. Estas búsquedas fueron coordinadas o trianguladas mediante un método de recogida de datos a partir de una variedad de fuentes, para reducir los sesgos o limitaciones que podrían ser incorporados al utilizar una sola fuente o método. La triangulación o ajuste es una "estrategia que reduce el riesgo de asociaciones casuales y sesgos sistemáticos debido a un método específico y permite una mejor evaluación de la totalidad de las explicaciones que uno desarrolla."[46]

---

[45]   Ibid., 350.
[46]   Joseph A. Maxwell, *Qualitative Research Design, An Interactive Approach* (Thousand Oaks, CA: Sage Publications, 2005), 93.

Contribución académica

Este estudio del sistema educativo durante el régimen de Franco representa una contribución significativa en el campo de la educación comparada, ya que se han publicado pocos estudios comparativos sobre la educación fascista en España.[47] El esfuerzo de Franco en nacionalizar España a través de la educación proporciona el elemento central de interés en el presente estudio. El Nacional catolicismo conecta a la Iglesia con el gobierno fascista. Aunque mucho se ha escrito sobre el catolicismo y el fascismo españoles, hay una escasez de información y análisis con respecto a la parte del sistema educativo desempeñado durante el régimen de Franco. Por lo tanto, la educación, el fascismo y la Iglesia católica en la España de Franco ayuda a remediar esta situación. En la conclusión se proporcionan sugerencias para estudios posteriores en esta zona rica e importante de la investigación política y educativa.

---

[47] "La socialización de los valores políticos: El contenido de la educación oficial en España", tesis de Richard Nuccio, Universidad de Massachusetts (1977), se centra en la "estructura de valor oficial de la autoridad política española en un examen de los libros de texto escrito y utilizado en el. Franco años "Ver también," España Nuestra: el moldeo de primaria Niños Escola de la España fascista "por Ron Wilhelm, de la Universidad del Norte de Texas, publicado en *the Journal of Curriculum and Supervision:* Spring 1998, 13, 3, examina este libro de texto, utilizándolo como una crítica de la historia revisionista.

CAPÍTULO 2

HISTORIA DE LA EDUCACIÓN EN ESPAÑA DURANTE LOS SIGLOS XIX y XX

Siglo XIX

Después de la muerte del rey Borbón Fernando VII en 1833, muchos liberales prominentes que habían vivido en el exilio en los últimos años de su reinado, regresaron a España y las diferencias entre liberales y conservadores dieron lugar a tres guerras civiles durante el siglo XIX. La Primera Guerra Carlista (1833 - 1839) estalló cuando la hija de Fernando VII, la infanta Isabel II, se convirtió en heredera al trono en lugar del hermano de Fernando, Don Carlos. Los cuatro matrimonios de Fernando VII solamente dieron lugar a dos hijos vivos, ambos de su última esposa, María Cristina. Aunque la ley sálica[48], hereditaria, declaraba que una mujer no podía heredar el trono, María Cristina convenció a Fernando

---

[48] "En la historia del derecho de las sociedades occidentales que han pasado por el feudalismo, la sucesión a la propiedad y la sucesión de Tronos están íntimamente conectados entre sí... pero sin embargo, la teoría de la soberanía y el gobierno denominado Legitimista, que sigue siendo un factor en la política francesa y española, se basa en última instancia en el supuesto de una especie de sagrada y no factible sucesión ley para regular la Corona, colocándola más allá de la rivalidad y por encima del juicio popular. Tal y como fue concebido al principio, se denominó ley sálica... que no sólo excluía a las mujeres de la sucesión al trono, sino que negaba el despacho real al pariente masculino más cercano si su relación con la casa real fuera a través

para derogar la ley tres años antes de su muerte. Por ello María Cristina
aseguró que su hija, Isabel II, sería el próximo gobernante mientras que
María Cristina se convertiría en la reina regente de España, en nombre de
su hija recién nacida. Fernando VII murió el 29 de septiembre de 1833 y en
1834 María Cristina fue designada por los liberales moderados para formar
un nuevo gobierno y representando a Isabel.[49] Mientras tanto, cuando
el hermano de Fernando, Don Carlos, se opuso al poder de la reina y se
declaró el sucesor legítimo al trono el 1 de octubre de 1833, provocó que
los tradicionalistas y católicos se unieran y se rebelaran en contra de este
nuevo liderazgo.[50] Incapaz de tomar el poder, la posesión del trono de don
Carlos pasó a manos de su hijo mayor, Carlos VI, que también fracasó en
su intento de ser rey.[51]

Debido a la influencia de María Cristina (madre de la nueva *infanta*,
la Reina Isabel II), varios cambios tuvieron lugar en el sistema educativo
secular. Ante la insistencia de María Cristina, el nuevo gobierno liberal
comenzó a hacer cambios en la educación y en 1834, fueron establecidas
las comisiones provinciales de instrucción primaria. En 1835, el Estado se
hizo cargo de las universidades y el plan de estudios en las universidades
seculares se hizo más riguroso. La primera ley educativa, La Ley de
Instrucción Primaria, se promulgó el 21 de julio de 1838. El reglamento
de 1838 lanzó nuevas disposiciones de supervisión, una ley con intención
de comenzar la estrecha regulación de las escuelas primarias. El reglamento
disponía que los días escolares debían constar de tres horas por la mañana y
tres horas por la tarde; los días festivos y los días de vacaciones disminuyen
y las asignaturas para los niños y las niñas debían incluir lectura, escritura,
aritmética, gramática y la historia sagrada (doctrina esencialmente cristiana).

---

de una mujer ", Sir Henry Sumner Maine, *Dissertation on Early Law and Custom*
(London: Spottswoode and Co., 1891), 125 – 145.

[49] Stanley G. Payne, *Spanish Catholicism,* 80.

[50] Payne, 80 - 81. El papado era oficialmente neutral pero la jerarquía eclesiástica
apoyó a los carlistas, junto con la clase obrera en las regiones rurales conservadoras
como Aragón y Cataluña.

[51] La puja de Carlos VI por el trono dio lugar a la segunda guerra carlista, (1846 -
1849). Cuando Carlos VI no tuvo éxito, Don Carlos trató luego de hacer rey a su
hijo menor, Juan III. Pero Juan III se vio obligado a abdicar de su derecho al trono
en 1860 y salió de España poco después. Ver Payne, *Spain's First Democracy, The
Second Republic, 1931 – 1936,* 5.

En las comunidades rurales, también se necesitaban chicos para aprender el oficio de agricultura, mientras que a las niñas se les enseña habilidades domésticas como tejer y coser.[52] Para 1845 la *Universidad Central* comenzó a otorgar títulos de doctorado. En 1846, la reina instituyó *La Dirección General de Instrucción Pública*, una revisión profesional centralizada de la educación primaria a través de la escuela secundaria y también supervisó el Ministerio de Instrucción Pública. Antes de 1849, se designó un cuerpo de inspectores para supervisar la enseñanza primaria.[53] Sin embargo, con la firma del Concordato de 1851 por el Papa Pío IX, de acuerdo con la reina Isabel II, la relación entre el gobierno español y la Iglesia Católica se restableció formalmente. Ahora, el catolicismo romano no sólo era la religión oficial en España, fue nuevamente íntimamente involucrado en la educación. En cuanto a las escuelas, el Concordato declaró:

Art. 2. En su consecuencia, la instrucción en las Universidades, colegios, seminarios y escuelas públicas o privadas de cualquiera clase, será en todo conforme a la doctrina de la misma Religión Católica; y a este fin no se pondrá impedimento alguno a los Obispos y demás prelados diocesanos, encargados por su ministerio de velar sobre la pureza de la doctrina de la fe y de las costumbres y sobre la educación religiosa de la juventud, en el ejercicio de este cargo, aun en las escuelas públicas.[54]

Algunos españoles consideraban el Concordato de 1851 un retroceso de las ideas liberales y las ideas más revolucionarias introducidas en España durante la ocupación francesa a principios del siglo XIX. Los liberales vieron la influencia de la Iglesia en la educación como instrumento de control social y creían que esta influencia ascendió al adoctrinamiento, ya

[52] José María Borrás Llop, *Historia de la infancia en la España contemporánea, 1834-1936* (Madrid: Ministerio de Trabajo y Asuntos Sociales, Fundación Germán Sánchez Ruipérez, 1996), 349.
[53] Antonio Viñao, *Escuela para todos, Educación y modernidad en la España del siglo XX* (Madrid: Marcial Pons, Ediciones de Historia, S.A., 2004), 11.
[54] D. Carlos Ramón Fort, *El Concordato de 1851 Segunda Edición* (Madrid: Imprenta y Fundación de Eusebio Aguado, 1853), 6.

que amonestaron a los católicos por cooperar con el Estado.[55] La segunda *Ley de Instrucción Pública* aprobada el 9 de septiembre de 1857, también llamada Ley Moyano, articuló la posición liberal que se adelantó a dos, gracias a los exiliados que regresaron, Pablo Montesino y Antonio Gil de Zárate. Otro grupo de inspectores fue nombrado por el gobierno en 1858 para supervisar la educación secundaria.[56] Estos hombres se convirtieron en figuras centrales en el nuevo sistema educativo, que en teoría era una organización centralizada, uniforme y relativamente secularizada. Aunque nunca se aplicó ningún aspecto de estas leyes, algunos elementos todavía estaban en vigor a principios del siglo XX.[57]

La fuerte oposición al clero desembocó de nuevo en los disturbios anticlericales de 1868.[58] En ese año, una revuelta armada de los radicales, que llegaron a ser conocidos como progresistas, ganó poder al gobierno, haciendo cambios notables, incluyendo la confiscación de los bienes eclesiásticos y la prohibición de la enseñanza secundaria de los estudiantes laicos en los seminarios de la Iglesia.[59] Dado que el crecimiento urbano y la prosperidad económica se expandió en este período, la sociedad española se hizo más estratificada. En conjunto, la nueva clase urbana trabajadora, la clase media y los partidarios de ideas liberales se opusieron a los ricos y a la Iglesia.[60] Muchas escuelas católicas fueron cerradas durante estos disturbios y algunos jesuitas fueron desterrados o pasaron a la clandestinidad.[61]

---

[55] Antonio Viñao, *Escuela para todos, Educación y modernidad en la España del siglo XX*, (Madrid: Marcial Pons, Ediciones de historia, S.A., 2004), 16 – 17.

[56] Ibid., *Escuela para todos*, 15 – 16.

[57] Viñao, 16.

[58] Brian John Dendle, *The Spanish Novel of Religious Theses, 1876 – 1936*, (Valencia: Artes Gráficas Soler, S.A., 1968), 13. En España tuvieron lugar disturbios anticlericales en 1834, 1835, 1868 y más tarde en 1901 y 1909.'

[59] Payne, *Spanish Catholicism*, 89 – 90. El período de dos años de tiempo que los progresistas estaban en el poder fue llamado el Bienio Progresista, que duró de 1854 a 1856.

[60] Ibid., 17.

[61] Paradójicamente, algunos instructores jesuitas, pretendiendo ser laicos, continuaron enseñando en las escuelas "libres" durante este tiempo y no fueron cuestionados en cuanto a sus métodos o plan de estudios. (Véase R. Alberdi, Historia de la Educación en España y América, Volumen 3, *La Educación en la España contemporánea* (1789-1975), Buenaventura Delgado Criado (Coordinador), la Fundación Santa María:

Aunque los tradicionalistas y liberales continuaron su feroz oposición, el ejército se convirtió en el "árbitro inevitable" ya que ambas partes eran relativamente débiles.[62] Si bien muchas de las ideas revolucionarias tomadas de novelas francesas continuaron circulando en la sociedad española en este momento,[63] el ejército conservador apoyó firmemente a la Iglesia. Dado que la educación religiosa en las escuelas públicas y privadas era obligatoria, los profesores universitarios que atacaron a la Iglesia Católica fueron expulsados y los libros fueron examinados para asegurarse de que cumplían con el dogma católico y la "salud moral".[64]

En 1875, la dinastía de los Borbones se restableció en España después de un golpe de estado militar, dirigido por Don Carlos como parte de la Tercera Guerra Carlista (1872 - 1876), y el control de la educación volvió de nuevo a la Iglesia. El Ministerio de Obras Públicas reguló la educación, ordenando que los planes de estudio ahora debían ser aprobados por los rectores de la Iglesia y cualquier forma de educación que fuera contraria a la doctrina de la Iglesia o criticara la monarquía, quedaba prohibida.[65] En este mismo período,

---

Madrid (1994): 292-293. Según Payne, "Los educadores sobresalientes entre el clero español, y el más grande de la enseñanza de las órdenes, fueron los jesuitas "(véase *Spanish Catholicism*, 103).

[62] Stanley G. Payne, *Spain's First Democracy, The Second Republic, 1931 – 1936* (Madison: The University of Wisconsin Press, 1993), 5.

[63] "La mayor difusión de las ideas extranjeras en España vino de la propia novela. El combinado de novelistas franceses, Sue y Hugo, comprometidos con la reforma social, hicieron hincapié en una cierta espiritualidad religiosa a menudo en conflicto con la práctica real de la Iglesia, en opinión de muchos lectores en España. A los ojos del tradicionalista Cándido Nocedal, estas ideas francesas representaban una amenaza para la sociedad establecida, como él explicó al entrar en la Real Academia Española; no sólo, según decía, estos novelistas se contradecían en el énfasis de otra forma de Iglesia, sino que tomaban la felicidad de ideales terrenales; también estaban destruyendo la sociedad y la religión al justificar el adulterio, al presentar el matrimonio como una esclavitud y hasta enfrentando a los pobres contra los ricos "Véase Brian John Dendle, *The Spanish Novel of Religious Theses, 1876 – 1936* (Valencia: Artes Gráficas Soler, S.A., 1968, 14).

[64] Viñao, 17.

[65] Julio Ruíz Berrío, "Francisco Giner de los Ríos (1839 – 1915)", *Prospects: The Quarterly Review of Comparative Education* (Paris: UNESCO, International Bureau of Education, vol. XXIII, no. 3 / 4, 1993), 545.

sin embargo, Francisco Giner de los Ríos (1839 - 1915)[66] ayudó a planear y a poner en práctica un programa innovador de educación nacional en España. Giner fue un amigo cercano de Nicolás Salmerón, uno de los presidentes de la Primera República Española (1873 - 1874)[67] y junto con dos compañeros profesores de la Universidad Central de Madrid, Gumersindo de Azcárate y Julián Sanz del Río, estableció la *Institución Libre de Enseñanza* en 1876. Influenciado por el filósofo Llorens y Barba, positivista y profesor de la Universidad de Barcelona, el filósofo alemán Immanuel Kant y el filósofo francés Jean Jacques Rousseau,[68] Giner también fue parte de "un círculo interior iluminado, conocido como los 'krausistas españoles.'[69] El Krausismo, con base en las teorías del filósofo alemán Karl Christian Friedrich Krause (1731 - 1832), fue presentado a la intelectualidad universitaria española en los cursos impartidos por el profesor de filosofía de Julián Sanz del Río (1814 - 1869) en los años 1850 y los años 60. El Krausismo fue un tipo de panteísmo que hizo hincapié en la libertad de cátedra y los principios políticos liberales. La práctica educativa en base a estos conceptos enfatizó la instrucción y los métodos orientados a generar la experimentación y la iniciativa individualizada de los estudiantes.[70]

---

[66] Ibid., 1 - 4. Giner fue galardonado con una cátedra en filosofía en la Universidad Central de Madrid en 1867, pero renunció dos meses más tarde, en solidaridad con otros colegas, como protesta contra el control del gobierno sobre las universidades públicas. Los profesores se negaron a firmar documentos diciendo que apoyaban el trono y la Iglesia Católica. Aunque los manifestantes, entre ellos Giner, recibieron sus cargos en septiembre de 1868, siguiendo en la lucha para reformar el sistema educativo de España. Giner nunca tuvo un puesto oficial, pero era considerado por sus contemporáneos como un líder en el campo de la educación y del movimiento de reforma en España a finales del siglo XIX.

[67] Había cuatro presidentes en los dos años de la Primera República Española. Ver Payne, *Spain's First Democracy*, 18, para más detalles sobre este punto.

[68] "Obras Competas de F. Giner", *Acceso al Archivo Virtual de la Edad de Plata (1868 – 1936)*, 22 Jul 09. http://www.fundacionginer.org/obras_comp.htm.

[69] Ruiz Berrío, 545 – 546.

[70] Payne, *Spanish Catholicism*, 103.

Tabla 1. siglo XIX

El Gobierno del siglo XIX	La Educación del siglo XIX	La Iglesia Católica del siglo XIX
Influencias liberales europeas • Ocupación francesa (1808 – 1814) • Constitución española de 1812 • Gobierno liberal – (1834) • (Isabel II/María Cristina)	• Artículo 25 – Todos los ciudadanos han de dominar la lectura y escritura	Conservador • Los guerrilleros encabezados por sacerdotes y monjes • contragolpe nacionalista y el apoyo del gobierno
Apoyo a la limitación del poder real, Gobierno parlamentario	• *La Ley de Instrucción Pública* (1838) – primer reglamento de las escuelas primarias • *La Dirección General de Instrucción Pública* (1845) – centralizada, primaria, secundaria, Ministerio de Instrucción pública • Los obispos supervisaron la educación en todas las escuelas públicas y privadas	Primera Guerra Carlista (1833 – 1839) Segunda Guerra Carlista (1846 – 1849) Concordato (1851) – El Papa Pío IX – Restableció la relación Iglesia-Estado
Ley Moyano (1857) – primer plan integral de la educación pública	• La escuela obligatoria a los nueve años de edad; financiado por los municipios; el currículo y la instrucción establecida por el gobierno central.	Las escuelas católicas cerradas y los jesuitas exiliados o pasaron a la clandestinidad.

Control Progresivo de las revueltas anticlericales del gobierno y (1868)		
Primera República Española (1873 – 1874)		
Dinastía borbónica restaurada – (1875) La pérdida de las colonias restantes (Guerra Española-Americana de 1898)	• El control de la educación por la Iglesia (1875) • *Institución Libre de Enseñanza* (ILE) (1876) • (Giner / Spainsh krausistas)	Tercera Guerra Carlista (1872 – 1876)
Relativismo – influenciado por la *Generación del '98 – Kierkegaard* "Alma" española (*Volksgeist* – Alemania)		Absolutismo

Siglo XX

A principios del siglo XX, la escuela no era considerada como una parte cotidiana de la vida, sino "una experiencia breve e intermitente para la mayor parte".[71] Debido a que la escuela no era obligatoria en España, muchos niños, sobre todo de las zonas rurales, no recibían educación antes de 1900.[72] Después de su derrota militar en 1898 en las Américas, España dejó de ser una potencia mundial. Como resultado, el comienzo del siglo XX trajo consigo un período de "introspección y autoexamen".[73]

---

[71] Antonio Viñao, 11.

[72] En teoría, una ley de 1857 (Ley Moyano) hace obligatoria la escuela para niños de seis a nueve años de edad. Pero de acuerdo con el censo realizado en 1900, más del 75% de la población española aún no sabía cómo leer o escribir. Ver José María Borrás Llop, *Historia de la infancia en la España contemporánea, 1834 – 1936* (Madrid: Ministerio de Trabajo y Asuntos Sociales, la Fundación Germán Sánchez Ruipérez, 1996), 353.

[73] Viñao, 19.

La alfabetización en el Siglo XX

Los datos recopilados desde el 1900, *Censos de la Población de España*, indicaron que el número de "analfabetos" en las capitales de cada provincia osciló entre el treinta y el setenta por ciento:

16   *Censo de población*

IV.—Porcentajes de analfabetos por capitales de provincias, con distinción de sexo, en los censos de 1900, 1910 y 1920

	ANALFABETOS POR 100 HABITANTES								
CAPITALES	1900			1910			1920		
	Varones	Hembras	Total	Varones	Hembras	Total	Varones	Hembras	Total
Alava (Vitoria)	26,04	34,74	30,36	25,43	33,22	29,35	22,64	28,11	25,34
Albacete	59,15	77,88	68,69	59,68	74,31	67,12	51,63	67,89	59,82
Alicante	56,78	69,27	63,11	50,06	65,39	57,93	41,85	51,12	46,78
Almería	67,23	77,86	72,67	65,47	74,53	70,20	60,64	71	66,13
Avila	41	61,07	51,22	40,14	56,89	48,68	32,82	44,86	38,99
Badajox	55,12	65,77	60,17	47,92	60,80	54,17	44,41	56,38	50,16
Baleares (Palma de Mallorca)	61,92	74,49	68,59	52,28	62,98	57,87	44,99	54,48	50,16
Barcelona	41,73	55,67	49	28,92	41,45	35,51	21,68	31,19	26,09
Burgos	24,13	41,30	32,68	23,20	33,68	28,57	22,06	29,94	25,97
Cáceres	54,31	74,27	64,28	53,91	69,03	61,64	49,48	65,93	57,73
Cádiz	36,92	46,38	41,94	31,80	42,16	37,29	38,12	35,42	36,68
Canarias (Santa Cruz de Tenerife)	57,57	68,85	63,07	61,99	74,51	73,40	59,11	60,81	60,03
Castellón de la Plana	71,45	82,71	77,22	61,14	76,24	68,80	50,62	65,96	58,49
Ciudad Real	57,76	72,58	65,49	55,80	71,33	63,80	50,09	64,63	57,56
Córdoba	54,25	64,10	59,14	53,50	61,03	57,19	46,04	58,01	51,97
Coruña (La)	58,26	71,65	65,41	51,25	64,84	58,62	43,94	56,78	50,45
Cuenca	52,01	73,89	63,08	54,41	73,76	63,09	44,63	64,09	54,45
Gerona	47,69	68,20	57,98	42,10	59,52	50,60	32,37	46,35	39,40
Granada	63,81	73,63	68,86	53,18	61,45	57,45	51,63	60,20	56,09
Guadalajara	41,40	57,68	49,49	39,49	53,13	46,55	33,07	44,89	38,93
Guipúzcoa (San Sebastián)	40,63	41,77	41,22	35,43	36,15	35,81	30,96	30,86	30,90
Huelva	55,28	64,92	60,18	56,73	65,22	61,24	52,30	59,11	55,86
Huesca	42,43	67,13	57,08	41,77	57,88	49,74	39	49,33	44,12
Jaén	65,93	79,07	73,08	59,32	71,82	71,51	64,07	73,69	68,89
León	32,76	62,06	46,95	30,47	52,28	41,63	24,67	35,03	31,45
Lérida	58,81	72,64	65,61	53,71	67,14	60,31	38,32	51,25	44,72
Logroño	40,18	56,77	48,58	38,27	49,41	43,91	30,57	40,37	35,61
Lugo	31,66	78,99	63,69	48,62	71,06	59,66	41,25	64,87	53,81
Madrid	22,34	37,15	30,33	21,80	33,65	28,22	18,15	24,23	21,46
Málaga	70,25	79,40	65,85	60,92	71,25	66,34	53,09	65,46	59,62
Murcia	70,06	78,33	74,28	65,21	79,09	72,31	59,74	65,12	62,71
Navarra (Pamplona)	43,02	48,41	45,26	40,18	51,68	46,10	34,31	38,71	36,41
Orense	54,22	76,20	66,10	51,98	64,31	58,63	43,22	54,87	49,33
Oviedo	33,20	53,18	43,35	30,12	44,08	38,40	26,90	42,06	32,55
Palencia	26,85	80,35	70	52,27	73,18	63,87	47,82	65,09	56,03
Pontevedra	56,85	80,35	70	58,84	52,27	43,37	36,27	26,04	30,74
Salamanca	31,00	52,64	41,84	38,65	24,45	30,26	27,56	20,87	21,60
Santander	34,07	42,64	38,65	46,95	26,52	39,50	30,34	23,23	21,60
Segovia	27,14	46,06	36,64	30,33	46,51	39,29	34,45	42,36	38,66
Sevilla	43,73	58,64	52,44	42,11	28,79	47,54	53,55	39,37	38,97
Soria	28,55	53,70	42,11	53,54	41,11	53,55	47,36	28,71	33,69
Tarragona	46,05	60,95	53,54	62,90	77,27	47,85	48	28,65	32,17
Teruel	46,68	74,85	62,90	55,20	44,30	57,60	50,94	43,57	49,17
Toledo	46,68	63,73	55,20	59,08	46,33	46,33	59,94	33,34	41,40
Valencia	50,82	66,77	59,08	59,40	52,27	47,56	35,87	47,33	46,90
Valladolid	31,32	49,48	40,90	38,37	28,50	34,40	31,48	28,20	25,72
Vizcaya (Bilbao)	32,50	43,79	38,37	44,83	33,22	50,97	32,68	22,97	34,60
Zamora	34,52	59,53	44,83	39,31	32,02	45,98	42,45	43,17	39,97
Zaragoza	42,47	57,37	50,21				32,12	42,65	37,53

Tabla 2. Porcentaje de analfabetos por Provincias, 1900, 1910, 1920[74]

Los datos desglosados muestran que las mujeres y aquellos que vivían en las provincias del sur de España en la primera parte del siglo XX tenían significativamente más probabilidades de ser analfabetos que los hombres y las mujeres que vivían en el norte.[75]

En 1900, el gobierno español, todavía bajo la monarquía de los Borbones, creó el Ministerio de Educación Pública y Bellas Artes. El 26 de octubre de 1901, un decreto real estableció que la escuela fuera obligatoria para los niños de seis a doce años. Este fue un decreto ambicioso para un país todavía predominantemente agrícola. Influenciado por las ideas

---

[74] Instituto Nacional Estadística, http://www.ine.es/inebaseweb/pdfDispacher.do?td=81533&L=1.

[75] Borrás Llop, 353 – 354.

liberales de krausismo, introducidas en la sociedad española de finales del siglo XIX (ver sección anterior)[76], el plan de estudios también se amplificó, "al incluir en el Plan de Estudios algunas nuevas (asignaturas) tales como la fisiología e higiene, la química, los trabajos manuales, la Música y el canto, el derecho y los ejercicios corporales.[77] Para costear esta expansión de la educación laica, el "real Decreto" del 26 de octubre de 1901 dispuso que los fondos fueran proporcionados por cada municipio, no por el gobierno central. Pero sin fondos gubernamentales que pudieran apoyarlo, muchas de las zonas más pobres no fueron capaces de llevarlo a la práctica. Es importante destacar que desde que estas políticas se estaban llevando a efecto, surgió un renacimiento católico en España que alcanzó su apogeo entre los años 1880 y 1890. Payne explica que mientras que las ideas liberales en poder de la élite fueron absorbidas a nivel institucional en España en este período, las estructuras conceptuales moderno-democráticas y capitalistas no fueron adoptadas por el populacho. El pensamiento tradicionalista todavía prevalecía en gran parte de la sociedad.[78]

Este renacimiento, junto con una escasez extrema de las escuelas seculares, debido a una falta de recursos, provocó que la iglesia volviera a su papel principal de educadora, lo cual sirvió para reforzar un cisma que ya se había iniciado en la educación y que desembocaba en el ámbito político. Una nueva ola de anticlericalismo desatada entre las clases medias y élites educadas, especialmente entre los jóvenes, dio como resultado una revuelta que juzgaba la educación proporcionada por la pedagogía católica como regresiva e inadecuada.[79]

Entre 1915 y 1930, la población española comenzó a cambiar, partiendo de una sociedad predominantemente agrícola a una mano de obra cada vez más urbana e industrializada. Por primera vez en la historia española, menos de la mitad de la población (el 45.5 por ciento) se dedicaba a la agricultura o a la pesca. Al mismo tiempo, los principales cambios en la educación produjeron una disminución del analfabetismo, disminuyendo casi un nueve por ciento en la década de 1920. Estos factores generaron expectativas sociales y políticas entre población laboral industrial, agrícola

---

[76] Viñao, 11.
[77] Ibid., 20.
[78] Payne, *Spanish Catholicism*, 97.
[79] Ibid., 104.

y urbana más educada, que buscaban cada vez más las ventajas de la democratización.[80]

Por desgracia, sin embargo, desde que España comenzó a recibir la democracia, el mundo se encaminaba hacia una depresión económica. Inicialmente, tras el término de la Primera Guerra Mundial, partes de España como Cataluña experimentaron prosperidad. Sin embargo los salarios no se equipararon tan rápidamente a los precios y gran parte de la clase proletaria y las clases medio-bajas lo acusaron. La pobreza y el desempleo aumentaron y entre 1916 y 1929 hubo más de cinco mil huelgas en España.[81] Durante este tiempo, España estaba todavía bajo una monarquía constitucional, pero las Cortes (que es el poder legislativo) parecían incapaces de manejar la agitación pública provocada por estos problemas. Como resultado de esta inestabilidad y agitación, en 1923, el general Miguel Primo de Rivera comenzó su dictadura disolviendo "temporalmente" el Parlamento en una revuelta sin derramamiento de sangre. Un general popular entre la gente, Primo de Rivera, surgió como un héroe después de sofocar una insurgencia en el antiguo Marruecos español; su aparente liderazgo sirvió para mejorar la reputación de un país que acababa de perder el último reducto de su imperio poco menos de veinte años atrás. Como él asumió el cargo, Primo fue citado diciendo, "Nuestro objetivo es abrir un breve paréntesis en la vida constitucional de España y de restablecerla tan pronto como el país nos ofrezca hombres no contaminados con los vicios de la organización política."[82] La ley marcial rápidamente ayudó a restablecer el orden público que se necesitaba como resultado de las crecientes facciones de los trabajadores industriales que chocaban con los trabajadores del campo y la clase media.[83] La nueva dictadura de Primo también ayudó al crecimiento económico de España, ya que un segmento

---

80 Payne, *Spain's First Democracy*, 23 – 24.

81 Stanley G. Payne, *The Spanish Revolution* (New York: W. W. Norton & Company, Inc., 1970), 39, 44.

82 Quoted in Richard A. H. Robinson, *The Origins of Franco's Spain – The Right, the Republic and Revolution, 1931 – 1936* (Pittsburgh: University of Pittsburgh Press, 1970), 28.

83 Payne, *The Spanish Revolution*, 16. "Leon Trotsky (temporarily exiled to Spain in 1916), avanzado el concepto de que España se había convertido en la "Rusia de Occidente," una sociedad atrasada ahora se encontraba atrapada en la desesperanza de las contradicciones del desarrollo que se hallaba maduro para la revolución".

de la población adinerada apoyó al general por su fuerte nacionalismo. Al mantener buenas relaciones con la Iglesia católica y la clase media, Primo también estableció una relación con el partido socialista español que representaba a los trabajadores organizados.[84] Pero este período de optimismo no duró, y ya en 1928, muchos estaban criticando al gobierno. Uno de estos críticos fue Miguel de Unamuno, quien junto a algunos otros intelectuales como José Ortega y Gasset, fue desterrado del país.[85]

La dictadura de Primo de Rivera restringió algunas de las reformas educativas que los regeneracionistas[86] y krausistas liberales habían avanzado antes del resurgimiento de la Iglesia en 1923 (Véase el capítulo uno). La libertad académica en las universidades se vio reducida. El Real Decreto que se aprobó en 1928, una ley que permitía al gobierno inspeccionar y controlar toda la educación, pública y privada.[87] El rey Alfonso XII había seleccionado cuidadosamente a Primo de Rivera para ser primer ministro en 1923, pero cuando el gobierno parlamentario dimitió el 24 de enero de 1930, el rey Alfonso XIII abdicó de su trono. Dos días más tarde, con mala salud y sin el pleno apoyo de los militares, Miguel Primo de Rivera también dimitió. Una coalición basada en una alianza entre la izquierda republicana, el republicanismo de centro-derecha y los socialistas, intentó una transición hacia un sistema de gobierno demócrata-republicano entre 1930 y 1931.[88]

A medida que el esfuerzo para formar la naciente República se tambaleaba, se hizo evidente para el liderazgo republicano que la educación de España era el impedimento fundamental hacia la modernización política y económica de la nación.[89] La nueva República española fue establecida y, en el mismo año, la organización krausista, La Institución Libre de Enseñanza (ILE), estableció El Museo Pedagógico Nacional de Madrid.

---

[84] Ibid., 20 – 21.

[85] Unamuno fue enviado a las Islas Canarias en 1924 por sus críticas públicas al gobierno. Logró escapar a Francia, y permaneció allí hasta la caída de Primo de Rivera en 1930.

[86] See footnote 10 in Chapter 1.

[87] Viñao, 26.

[88] Payne, *Spain's First Democracy*, 36.

[89] Ibid., 86.

El 29 de mayo de 1931, el Ministerio de Instrucción Pública decretó que las comisiones provinciales y delegados locales fueran

> encargadas de difundir la cultura general, la moderna orientación docente y la educación ciudadana en aldeas, villas y lugares, con especial atención a los intereses espirituales de la población rural.[90]

Cuando de España Segunda República llegó al poder en abril de 1931, el nuevo gobierno se asoció con el Museo Pedagógico Nacional en una ambiciosa iniciativa de reforma educativa, las Misiones Pedagógicas. El pedagogo español y krausista, Manuel Bartolomé Cossío, había sido nombrado director del Museo en 1883; durante su mandato, Cossío formó una Junta de consejeros al afecto. Los miembros de la Junta eran intelectuales, escritores y poetas, entre ellos, Antonio Machado. Junto con la ILE,[91] de orientación krausista, las metas del Museo eran acercar la cultura, el entretenimiento y el progreso a los pueblos rurales de toda España. El uso de los fondos del gobierno y liderazgo organizacional desarrollaron "escuelas" móviles que llevaron libros, películas y música a niños y adultos, la mayoría de los cuales nunca había sido expuesta a estos materiales. Muchos de los empleados eran maestros que recibieron formación y enseñaban un nuevo estilo de enseñanza y aprendizaje que incorporaba una mayor libertad para los estudiantes, incluyendo las actividades al aire libre. Se restó importancia a la memorización mientras se establecía un movimiento que hizo que la educación secular se despojara de toda influencia de connotación religiosa (católica). En un documental español de 2007, *Misiones Pedagógicas 1934-1936, República Española*, varios españoles que eran o bien estudiantes o bien profesores asociados a las *Misiones Pedagógicas,* fueron entrevistados y se les preguntó acerca de sus recuerdos de la época. Uno de los antiguos maestros que también era

---

[90] (Autor no declarado), *"La Educación en la España contemporánea (1789-1975)",* el 29 de mayo de 1931, en L. Esteban y yo Serra, Historia de la Educación en España y América, Volumen 3,), (Madrid: Fundación Santa María Ediciones, Morata SL, 1994), 815-816.

[91] Manuel Bartolomé Cossío fue el director de la ILE después de la muerte de Giner de los Ríos que había dirigido el movimiento krausista español.

un profesor universitario, Gonzalo Anaya, explicó la razón detrás de la iniciativa de secularizar la instrucción:

> Y sobre todo hacer ver una cosa, la cultura española no es la educación cristiana española; sino es la cultura española. Es una educación civilizada en vez de una educación religiosa. Esa era las Misiones Pedagógicas: acercar al pueblo al tesoro de sabiduría nacional. No precisamente que hagan novenas y que recen (y cantan.)[92] Es otra cosa. Es una educación ciudadana.[93]

En las elecciones parlamentarias de junio de 1931, los socialistas cosecharon el mayor número de votos, convirtiéndose en el fuerte contendiente político de España.[94] En el mismo año, una coalición de socialistas y diversos grupos republicanos dictó una nueva constitución liberal y democrática que garantizara un proceso electoral de votación, los derechos civiles y el debido proceso de la ley.[95] Se produjeron intensos enfrentamientos en las Cortes por causa del anteproyecto de la constitución, pero los argumentos más candentes fueron sobre el estado de la religión, lo que implicaría en el 1936 la renuncia del primer presidente del Partido Republicano, Niceto Alcalá Zamora (11 de diciembre 1931 – 07 de abril de 1936). Un debate del 14 de julio 1931 sobre la versión preliminar del artículo 24 dictaminó:

> Art. 24.: Art. 24. Todas las confesiones religiosas serán consideradas como asociaciones sometidas a las leyes generales al país.

---

[92]   Not translated in subtitles. (Translation by authors.)

[93]   Misiones Pedagógicas 1934 - 1936. República española. Novena, del latín novem, [nueve] son nueve días de devoción pública o privada a la Iglesia Católica con el fin de obtener peticiones o gracias especiales. Ver *Catholic Encyclopedia*, www.newadvent. org/cathen/11141b.htm, 11/10/09.

[94]

[95]   Payne, *Spanish Catholicism*, 153.

El Estado no podrá en ningún caso sostener, favorecer ni auxiliar económicamente a las iglesias, asociaciones, e instituciones religiosas.

El Estado disolverá todas las órdenes religiosas y nacionalizará sus bienes.[96]

Alcalá Zamora había sido nombrado presidente provisional de la Segunda República Española el 14 de abril de 1931, en un cambio sin derramamiento de sangre del poder después que el rey Alfonso XIII abdicara del trono y abandonara el país. Considerado como un político moderado, Zamora había abogado por una separación entre la Iglesia y el Estado en el nuevo gobierno de España. Pero también señaló que en las escuelas

La enseñanza ha de ser evidentemente religiosa y el símbolo de la Cruz debe presidir las escuelas públicas *para inculcar*

---

[96] Gonzalo Redondo, *Historia de la Iglesia en España, 1931-1939* (Madrid: Ediciones Rialp, 1993), 159. El artículo 24 fue revisado varias veces y finalmente se convirtió en el artículo 26 en la versión final de la Constitución. Fue reescrito de la siguiente manera: <<Todas las confesiones religiosas serán consideradas como asociaciones sometidas a una ley especial. El Estado, las regiones, las provincias y los municipios no mantendrán, favorecerán ni auxiliarán económicamente a las iglesias, asociaciones e instituciones religiosas. Una ley especial regulará la total extinción, en un plazo máximo de dos años, del presupuesto del clero. Quedan disueltas aquellas órdenes religiosas que estatutariamente impongan, además de los tres votos canónicos, otro especial de obediencia a autoridad distinta de la legítima del Estado. Sus bienes serán nacionalizados y afectados a fines benéficos y docentes. Las demás órdenes religiosas se someterán a una ley especial votada por estas Cortes Constituyentes y ajustada a las siguientes bases: 1 Disolución de las que, por sus actividades, constituyan un peligro para la seguridad del Estado. 2 Inscripción de las que deben subsistir en un registro especial dependiente del Ministerio de Justicia. 3 Incapacidad de adquirir y conservar, por sí o por persona interpuesta, más bienes de los que, previa justificación, se destinen a su vivienda o al cumplimiento directo de sus fines privativos. 4 Prohibición de ejercer la industria, el comercio o la enseñanza. 5 Sumisión a todas las leyes tributarias del país. 6 Obligación de rendir anualmente cuentas al Estado de la inversión de sus bienes en relación con los fines de la asociación. Los bienes de la órdenes religiosidad podrán ser nacionalizados.>>

la moral cristiana, a la par que el patriotismo, en las nuevas
generaciones, tarea que incumbe a los párrocos, a los que
el Estado debe ayudar y proteger.[97]

En 1945, Zamora escribió un libro titulado Régimen Político de
convivencia en España: Lo que no debe ser y lo que debe, para explicar sus
acciones durante este período, indicando:

> Escribo este libro para el español sereno, desapasionado,
> de posición centro, *para el que la separación de la Iglesia y
> del Estado no significa la quema de conventos.*[98]

Alcalá Zamora había tratado de posicionarse en el centro, lejos de los
extremos, tanto la derecha política o la izquierda. Aunque él era miembro
de una de los partidos republicanos (Derecha Liberal Republicana), él se
consideraba católico y se negó a firmar la nueva constitución.[99] Al haber
perdido el apoyo de la mayoría de las Cortes, Alcalá Zamora dimitió y
Manuel Azaña se convirtió en el segundo presidente de la República el 10
de mayo 1936 por una mayoría de votos de las Cortes. Azaña había sido
nombrado Ministro de Guerra de la nueva República por Alcalá Zamora
y poco después se volvió contra el ex presidente. En un discurso ante
las Cortes, el 13 de marzo de 1931, defendiendo los artículos relativos a
la religión, Azaña dijo: "España ha Dejado de ser católica."[100] Después
de su discurso, Azaña recibió "aplausos" de los miembros del Congreso
Continental del gobierno provisional. Sin embargo, no todo el mundo
estaba de acuerdo con él, incluyendo a Ernesto Giménez Caballero (autor

---

[97] Alcalá Zamora, April 14, 1931 in Redondo, *Historia de la Iglesia en España*, 151.

[98] Ibid., 151, quoting Niceto Alcalá Zamora, *Régimen político de convivencia en España: Lo que no debe ser y lo que debe ser,* (Buenos Aires, 1945).

[99] Redondo, 149 -151.

[100] Ibid, 163. Es importante señalar que de acuerdo a los comentarios posteriores del propio Azaña (Obras completas, t.IV, 178) y otros estudiosos (como Ricardo de la Cierva), Azaña no estaba diciendo que ya no había católicos en España, ya que los que se identifican a sí mismos como católicos eran todavía la mayoría de la población. Él estaba diciendo que como estado, España había dejado de ser un país católico, es decir, ahora se había producido una separación entre Iglesia y Estado.

de *Nuestra España* – véase el capítulo 1). En 1932, Giménez Caballero publicó un ensayo titulado, "Manuel Azaña", que dijo:

> La República ha venido a España para sustituir la religión católica por la religión de la cultura. La cultura significa para la Republica española una Escuela única, una Universidad única, una Prensa única, que enlacen a España a los designios o ideales ginebrinos (la cultura del protestantismo). Todo cuanto se aparte de ellos no es útil para la cultura republicana. Esto ha llevado a la política cultural de la República a decisiones monstruosas y a injusticias indecibles.[101]

La presidencia de Azaña no estuvo exenta de agitaciones y dos meses después de haberse instalado como presidente, el 17 de julio de 1936, comenzó la Guerra Civil de España. En su libro de 2006, *El Colapso de la República Española 1933 – 1936, Orígenes de la Guerra Civil*, Stanley Payne relata numerosos debates feroces en las Cortes. A minutos de la presidencia de Azaña, de mayo de 1936 a abril de 1939, la situación se repitió y se intensificaron los conflictos entre los poderosos; no sólo entre los dos grandes partidos, los nacionalistas y los republicanos, sino también significativamente dentro del partido gobernante, que fue formado por republicanos, alternándose en el poder los gobiernos moderado y liberal, así como socialistas y comunistas.

Las facciones de oposición existían dentro de todos los grupos políticos. Azaña en repetidas ocasiones pidió públicamente la unificación durante este período. Pero los miembros de las numerosas partidos temían que Azaña no sólo estuviera perdiendo el control de la izquierda, sino que además estuviera cambiando hacia una postura más moderada.[102] Como resultado, los funcionarios del gobierno, como el presidente del Gobierno, Casares Quiroga, y el nuevo ministro de Instrucción Pública, Francisco Barnés, se embarcaron en la aplicación de procedimientos

---

[101] Redondo, 163, quoting from *Profecías españoles,* "Manuel Azaña", Madrid, 1975, 173.

[102] Stanley G. Payne, *The Collapse of the Spanish Republic, 1933 – 1936,Origins of the Civil War* (New Haven, CT: Yale University Press, 2006), 205.

reaccionarios basados en la nueva Constitución. El 28 de febrero de 1936, los inspectores visitaron iglesias y escuelas religiosas y muchas escuelas fueron cerradas por no seguir el sistema estatal. Además, los sacerdotes estaban cada vez más acosados, por lo que los feligreses temen asistir a las misas. Como respuesta a este tipo de acciones, el 4 de junio de ese mismo año, la CEDA (*Confederación Española de Derechas Autónomas*), se retiró temporalmente de las Cortes, anunciando que el lenguaje del ministro era insultante y su política ocasionó una "ofensa intolerable a la conciencia católica" de España.[103] A su vez, los políticos liberales se hicieron reaccionarios y las distintas facciones llamaban fascistas a sus opositores, lo fueran o no.[104]

No sólo el gobierno republicano de España estaba dividido y en oposición a los nacionalistas, que estaban por entonces fuera del poder, sino como dijo el líder de la CEDA, Gil Robles, existían también las "grandes masas neutras" en medio de las dos facciones.[105] La revolución industrial europea de finales del siglo XVIII y principios del XIX, había anulado prácticamente a España. A excepción de la provincia nororiental de Cataluña, que en 1931 representaba el 45% del total de la industria de España, tres cuartas partes de la población de España seguían siendo campesinos que mantenían un estilo de vida agrícola feudal.[106] Los grandes terratenientes y la Iglesia poseían la mayor parte del territorio de España. Para paliar esta desigualdad aparente, el presidente republicano, Alcalá Zamora y las Cortes aprobaron una Ley de Reforma Agraria en 1931, ordenando ayudas para los campesinos sin tierra para la compra de parcelas específicas de tierra con los bonos del gobierno. Sin embargo, al habérseles entregado una ínfima cantidad de tierra, los campesinos trataron de apoderarse de ella por su propia mano, produciéndose un sangriento enfrentamiento con la Guardia Civil designada al efecto por el gobierno. A continuación, este incidente fue utilizado por los partidos de derecha y

---

[103] CEDA portavoz para hablar a las Cortes, 28 de julio de 1933, cuando todas las escuelas católicas fueron asumidas por decreto, como se cita en Payne, *The Collapse of the Spanish Republic 1933 – 1936* (Devon, PA: Duke & Co., 2006), 251-252

[104] Ibid., 64.

[105] I Robles quote in, "Background of War II: Spain", *Fortune Magazine,* Volume IV, Number 4 (New York: Time, Inc., May, 1937), 114. (Autor no constatado)

[106] Ibid., 116.

la CEDA luchó por la lealtad de los campesinos, atacando al gobierno y haciéndolo responsable de los asesinatos cometidos por la Guardia Civil.[107]

El 17 de julio de 1936, comenzó una rebelión militar que tenía la intención de restablecer el orden económico y social así como de quitar a la izquierda del poder.[108] A los dos días siguientes, Azaña trató de reorganizar apresuradamente el gobierno, reformar el gabinete y los municipios locales, así como celebrar nuevas elecciones. Pero el líder de la revuelta del ejército, el general Miguel Mola, rechazó este compromiso y comenzó la Guerra Civil Española. Aunque Mola dirigió la revolución nacionalista, admitió que un general de alto rango, Francisco Franco Bahamonde disfrutaba de más prestigio y poseía grandes dotes diplomáticas. El 1 de octubre de 1936, Azaña nombró oficialmente a Franco como Generalísimo de las Fuerzas Armadas.[109]

Azaña continuó en la presidencia hasta la Segunda República Española (1931 – 1936) y fue derrotado por los nacionalistas. La Iglesia y el Estado se unieron por ley y la enseñanza religiosa y el currículo fueron mandato obligatorio en Marzo de 1938 en todas las escuelas públicas españolas.[110] El 1 de abril de 1939 concluyó la sangrienta guerra de tres años y se inició una dictadura militar encabezada por Francisco Franco.[111]

Durante el régimen de Franco de 1939 a 1975, la población española creció aproximadamente el cuarenta por ciento, mientras que el número de escuelas primarias sólo se duplicó. Sin embargo las escuelas secundarias se cuadruplicaron y la educación superior aumentó un ochenta por ciento.[112] El ministro de Educación de 1939 a 1951 fue José Ibáñez Martín, un prestigioso profesor en varias universidades, como la Universidad de Sevilla, la Universidad de Oviedo y el Universidad Pontificia de Salamanca.

---

[107] La Guardia Civil es una fuerza de policía móvil, que fue fundada en 1844 bajo el reinado de Isabel II. Ella es un brazo del gobierno federal y se ha empleado principalmente para reprimir los levantamientos de los campesinos. Durante la guerra civil española se consideró cómo los gobernantes sombríos de los pueblos de España ". Consulte la sección "Antecedentes de Segunda Guerra: España ", 116-117.

[108] Payne, *The Spanish Revolution,* 218.

[109] Ibid., 130.

[110] Payne, *Spanish Catholicism,* 173, 179.

[111] Stanley G. Payne, *Franco's Spain,* (Boston: Crowell), 24.

[112] J. L. García Garrido, *Historia de la Educación en España y América, Volumen 3, La Educación en la España Contemporánea (1789-2975),* Buenaventura Delgado Criado, Coordinadora [Coordinator] (Madrid: Ediciones Morata S.L., 1994), 849 – 850.

Aunque Ibáñez Martín no era un falangista,[113] durante su período en el cargo, el sistema educativo republicano fue desmantelado.[114] El sucesor de Ibáñez, Joaquín Ruiz Giménez, tenía lazos más fuertes con la Falange, pero como ministro de Educación de 1951 a 1956, Ruíz Giménez intentó incorporar algunos elementos de la liberalización en la educación superior y promover algún tipo de comunicación entre los católicos liberales y los "falangistas de izquierda."[115] Según Ruiz Giménez, a falangistas destacados como Pedro Laín Entralgo, Antonio Toval y Joaquín Fernández Pérez Villanueva les fueron asignados cargos universitarios.[116]

El régimen de Franco había permitido a la Iglesia católica ejercer una gran influencia en la educación de los niños. El catolicismo se enseñaba en las escuelas no laicas, y de la misma forma el plan de estudios era supervisado por la Iglesia Católica.[117] Durante el mandato de Franco la alfabetización en España aumentó, pero la nación nunca se equiparó al resto de la Europa occidental. Según las cifras del censo de 1940, el 23 % de la población española era analfabeta. Hacia 1950 ese número había descendido al 17 % y en 1960 era menor del 14 %.[118]

Con la muerte de Franco en 1975, el rey Juan Carlos comenzó el proceso de transición en España de una dictadura a una democracia. En 1978, se estableció una nueva constitución y se devolvieron muchos de los derechos arrebatados por el régimen franquista. Sin embargo el

---

[113] Ibid., 850. Al parecer, Franco dejó en claro a Ibáñez Martín que estaba cooperando con los falangistas en los otros sectores del gobierno. Además, mientras que la influencia falangista fue más débil en primaria y la escolaridad de nivel secundario, era fuerte en el nivel universitario.

[114] García Garido, 850, quoting M. de Puelles Benítez, *Educación e ideología en la España contemporánea.* Labor, Madrid, 1980, 374.

[115] Payne, *Franco's Spain*, 98.

[116] Los Católicos españoles estaban divididos en su apoyo a la Falange. Los católicos moderados no querían lazos con la Alemania nazi, pero había otros sectores católicos que apoyaron una política pro-nazi. Aunque existía, a veces, el antagonismo entre la Iglesia y el gobierno, el régimen de Franco fue capaz de evitar la gran confrontación. Ver Payne, *Spanish Catholicism,* 181. También, véase el capítulo 3 para un análisis extendido de las diferencias entre derecha católica, fascista, y el pensamiento falangista.

[117] See Chapter 1 and results of survey in the present study.

[118] Viñao, *Escuela para todos,* 72.

porcentaje de escuelas católicas se mantuvo sin cambios y la influencia de la iglesia católica en la educación era más fuerte que nunca, sobre todo en las universidades.[119] Desde entonces se han realizado varias reformas educativas, y hacia el año 2006, la tasa de alfabetización de España era ya superior al 97 %.

Cuadro 3. Siglo XX

20th Century Government	20th Century Education	20th Century Catholic Church
Monarquía Constitucional (1874 – 1931) Ministerio de Instrucción Pública y Bellas Artes (1900) Real Decreto (1901) – fondos estipulados La dictadura de Miguel Primo de Rivera (1923 – 1931) Segunda República Española (1931 – 1936) Anarcosindicalismo	30% – 70% de los analfabetos de la población en las ciudades (1900) Asistencia obligatoria de seis a nueve años (1901) y el plan de estudios amplificado *El Real Decreto* (1928) – Inspección gubernamental de las escuelas *Ministerio de Instrucción Pública* (1931) – Brazo de (ILE) Secularización de las escuelas Separación de Iglesia y Estado	*Quadragesimo anno* (1931) – Corporativismo social

---

[119] Payne, *Spanish Catholicism*, 210.

Guerra Civil (1936 – 1939)		Guerra Civil (1936 – 1939)
Republicanos		Apoyo a los Nacionalistas
Nacionalistas catalanes		Carlistas (católicos)
Anarquistas		CEDA (fascistas españoles –
Comunistas		Falange Española y JONS – Sindicalistas Nacionales)
		Apoyo de Mussolini y Hitler
		Nacional catolicismo – Carta Encíclica del Papa Pío XI (1937)

CAPÍTULO 3

MARCO CONCEPTUAL

El presente estudio utiliza múltiples modelos comparativos con el fin de indagar en la pregunta: ¿Formaron el gobierno de Franco y la Iglesia Católica Romana una alianza entre los años 1939 y 1975 para promover un nacionalismo español, la antítesis de la religión tradicional española y de la cultura que se hace evidente en la pedagogía española y los textos de este período? Para ahondar en esta cuestión, el presente estudio ha examinado los documentos políticos y las políticas educativas de la Iglesia Católica y el gobierno español de esta época con vistas a descubrir si los ministros de educación y los clérigos de alto nivel, propuestos para configurar los planes de estudio, fueron congruentes con sus objetivos. En combinación con estos documentos primarios, una encuesta actual a españoles que fueron educados entre 1939 y 1975 ha contribuido a mostrarnos unas impresiones de primera mano e información acerca de las experiencias educativas de los encuestados, ofreciéndonos por ello una investigación original para para seguir el análisis del presente estudio sobre el papel de la escuela, los planes de estudio y los libros de texto. El capítulo 3 presenta los marcos analíticos elegidos para investigar esta cuestión. Como se dijo en el capítulo 1, estos marcos se basan en los conceptos del funcionalismo estructural (incluida la socialización política), el nacionalismo y la teoría del efecto filtro.

El funcionalismo estructural

Científicos político-comparativos como Gabriel Almond, G. Bingham Powell, Kaare Strom o Russell Dalton, aplican el concepto de funcionalismo estructural para explicar cómo un sistema político interactúa con las instituciones de un país. Proponen que no sólo tenemos que examinar las estructuras de un país, sino también cómo dichas estructuras desempeñan funciones. Este modelo puede ser utilizado para comparar las estructuras políticas en diferentes países o para evaluar las relaciones de las funciones y estructuras dentro de una misma sociedad, señalando que más de una estructura puede realizar la misma función.[120] Además, Almond y Powell dividen el funcionalismo estructural en tres partes: la socialización política, el reclutamiento y la comunicación.

El funcionalismo estructural y la socialización política

La socialización política explica la lealtad de una cultura a un sistema de creencias en particular. Esto ocurre cuando las culturas pasan con sus valores y creencias a las generaciones sucesivas a través de las instituciones (o estructuras), como las familias, escuelas, comunidades, iglesias, grupos de interés, partidos políticos, poderes del Estado y los medios de comunicación.[121] A efectos del presente estudio, una socialización política modelo, definida de esta manera, podría ser el apoyo mutuo que las regiones del noreste de España y la Iglesia Católica compartieron en la lucha contra el gobierno central liberalizado de España (1820-1823). Las estructuras culturales y políticas de la Iglesia en las regiones del noreste de España habían sido atacadas por los realistas y centralizadores desde el siglo

---

[120] Almond y otros, 33. Las teorías funcionalistas clásicas se remontan a los filósofos políticos tales como Rousseau, Durkheim y Herbert Spencer, y se definen por una tendencia a la analogía biológica y el evolucionismo social, mientras que Schumpeter y Parsons llevaron el funcionalismo estructural al centro de la sociología a mediados del medio del siglo pasado. Sin embargo Almond y Powell fueron los primeros científicos políticos que utilizaron el enfoque funcionalista estructural para comparar los sistemas políticos. Véase Scott de London, "On Structural Functionalism", http://www.scottlondon.com/articles/almond.html, 1/17/2011.

[121] Gabriel Almond, et al, 20.

XVIII, cuando la monarquía borbónica asumió jurisdicción sobre la Iglesia y el gobierno en 1796.[122] De este modo, mientras que el gobierno liberal de España se acercó a un estado más centralizado, las Comunidades Vascas y Navarra lucharon para retener los derechos históricos, las exenciones y los privilegios regionales que identificaron con su herencia religiosa.[123] Aunque la corona y el gobierno central atacaron periódicamente estas provincias a lo largo de los siglos XVIII y XIX, fueron en gran medida exitosos en la defensa de su independencia. Del mismo modo, la Iglesia católica institucional resistió las críticas dirigidas hacia ella durante siglos por los que abogaban por que los gobiernos nacionales o regionales debían distribuir los bienes que ésta poseía. Funcionalmente, el noreste de España y la Iglesia Católica tuvieron respuestas políticas similares; y por esa misma razón, especialmente, cada grupo defendió su legitimidad basada en el privilegio tradicional.[124] Por lo tanto, era conveniente para estas zonas de España el poder defender sus derechos regionales basados en la religión, aunque sus acciones no parecían tener un origen religioso. Además, cada uno de estos grupos de interés defendían derechos para los que habían sido entrenados, manteniendo la lealtad a su cultura, según lo postulado por Almond y otros, que vinculan la socialización política al funcionalismo estructural.

La introducción del liberalismo moderno en España a principios del siglo XIX dio lugar a divisiones fundamentales en la sociedad española. Una de ellos era la brecha entre la Iglesia católica y el gobierno, que hasta ahora habían disfrutado de una relación de apoyo mutuo (véase el capítulo 2). Este cisma, sin embargo, puede haber tenido más que ver con la agitación geográfica, histórica y cultural que con desacuerdos religiosos. Durante la Primera Guerra Carlista (1833 – 1840), cuando los

---

[122] Payne, *Spanish Catholicism,* 63.

[123] Ibid., 81.

[124] "Dado que las leyes e instituciones locales fueron amenazados de forma más directa por el liberalismo que los de cualquier otra parte de España, la defensa de lo que [los vascos y los navarros] interpretaban como la legitimidad y la tradición en la sucesión real era aún más importante. Incluso el asalto liberal al privilegio tradicional podría ser percibido como una amenaza general, ya que significaba la nivelación de las instituciones y de los derechos, así como un cambio en los valores económicos, el más amenazante hacia una región donde la propiedad no estaba tan mal distribuida que en otras partes de España." (Payne, *Spanish Catholicism,* 81.)

partidarios conservadores de Don Carlos luchaban contra el gobierno liberal puesto en marcha por la Reina Madre y regente, María Cristina, el papado se mantuvo neutro políticamente. La mayor parte de la jerarquía católica española, a excepción del clero en las regiones no castellanas ni conservadoras del noreste de España, es decir, las zonas rurales de Aragón y Cataluña, las comunidades vascas y Navarra, se sometieron a esta nueva autoridad gubernamental. En estas regiones, los clérigos se alzaron en armas contra el gobierno para luchar contra los "enemigos de Dios", como en los días de las Cruzadas.[125] Curiosamente, salvo en el País Vasco que habían sido directamente influenciado por el fundador de los jesuitas, Ignacio de Loyola,[126] el noreste de España era la parte menos cristianizada de la península debido a su tardía conversión al cristianismo, a unos mil años después del resto del país. A pesar de que los campesinos que vivían en estas provincias se consideraban católicos, la identificación fue más social y regional que espiritual.[127]

Dado que el renacimiento católico de la época de la guerra carlista a mediados del siglo XIX había restablecido el vínculo entre la Iglesia y el gobierno parlamentario, ello implicó la obligatoriedad de las clases de religión (el catolicismo) en la enseñanza secundaria, política que no era popular entre la clase media.[128] Se sucederían décadas de anticlericalismo con el estallido en 1834, según estimaciones, de entre cincuenta y cien asesinatos de monjas y sacerdotes españoles, sin precedentes en la historia de España. Aunque hubo períodos de moderación, el anticlericalismo fue revivido de nuevo en el Bienio Progresista (1854-1856) en 1899 como reacción a una regulación producida rápidamente que requería la enseñanza religiosa en el currículo de secundaria del estado, durante el período de 1901 a 1912 en que los conservadores controlaban el gobierno español. En el momento en que se inició la década republicana en 1931, tanto la clase media, que ahora era políticamente liberal, como los extremistas tras la Generación del 98, cuyas ideas estaban enraizadas en la Ilustración,

---

[125] Payne, *Spanish Catholicism,* 81.
[126] Ignacio de Loyola nació en Gipuzkao, una de las tres Comunidades Autónomas (los otros dos son de Bizkaia y Araba) situados en los Pirineos occidentales. Junto con la provincia de Navarra, conforman el País Vasco.
[127] Ibid., 81.
[128] Payne, *Spanish Catholicism*, 133, 150.

eran claramente anticlericales (Vea el Capítulo 1). Sin embargo, pese a que las instituciones públicas estaban impregnadas de la filosofía liberal, este hecho no transformó por completo la cultura. Los liberales nunca lograron la democratización y se quedaron cortos en sus intentos de reorganizar la sociedad española. Ello resultó en que la sociedad española mantuviera sus principales valores tradicionales, conservadores.[129] Visto desde un enfoque estructural-funcional, la socialización política nunca se llevó a cabo plenamente, posiblemente debido a que las estructuras de la familia y la Iglesia estaban tan profundamente arraigadas, que un cambio significativo se percibía como un "movimiento extraño" (Ver Capítulo 2.)

Por entonces, en los albores del siglo XX, el anarcosindicalismo ganó dentro del movimiento republicano en España numerosos adeptos que buscaban hacerse con el control simultáneo de las estructuras culturales y educativas.[130] Sobre todo en las grandes ciudades, los trabajadores concibieron las escuelas católicas como una extensión de la clase rica y acomodada, a la cual detestaban. Estos trabajadores, junto con muchos de la clase media, creían que la solución a los problemas nacionales de España estaba en la reestructuración de la educación, la cultura y la política.[131] Por lo tanto, es plausible que la coalición republicana (liberales, neo-marxistas y anticlericales que fueron finalmente derrotados en la Guerra Civil de España) exigiera la separación de Iglesia y Estado, no precisamente por la libertad religiosa, sino con el fin de hacerse con el control político. Por ejemplo, mientras buscaban el poder en 1931, una de las plataformas de los partidos republicanos fue la tolerancia hacia todas las religiones. Sin embargo, el anticlericalismo de los republicanos en contra de la Iglesia fue tan intenso y destructivo antes de la que Guerra Civil comenzara en 1936,

---

[129] Ibid., 97.

[130] El anarcosindicalismo es la combinación del anarquismo con el sindicalismo. En España, este movimiento se inició con la fundación de la CNT (Confederación Nacional del Trabajo) en 1910-1911. En 1923 se contaba con más de un millón de miembros se convirtió en el primer movimiento obrero de masas de España. Véase Payne, *Spain's First Democracy*, 13 - 14. Curiosamente, Noam Chomsky se refiere al gobierno de la España republicana (1931 - 1936) y al kibutz de Israel como los dos sistemas-anarcosindicales exitosos de la historia. Véase ""The Relevance of Anarcho-syndicalism", Noam Chomsky entrevistado por Peter Jay, *The Jay Interview*, 25 de Julio de 1976, http://www.chomsky.info/interviews/19760725.htm, 01/17/2011.

[131] Payne, *Spanish Catholicism*, 133, 150.

que precipitó la lucha contra la rebelión entre los católicos, lo cual llevó a la ruptura de la República y su eventual derrota.[132] Del mismo modo, el apoyo de Franco a la Iglesia Católica (institucionalmente) podría ser visto como una conveniencia que significaba mantener el control político sobre un gran segmento de la población en lugar de un pequeño grupo ligado a la religión. En *Franco, Un Saldo Histórico*, Pío Moa declaró que Franco recibió a la Iglesia Católica debido a su odio hacia los liberales, a quienes veía como enemigos de España y de la civilización cristiana. Moa concluye con una cita de última voluntad y testamento que las súplicas de Francisco Franco para la exaltación de España con la ayuda de Dios y no al revés. Sus últimas palabras son:

> Mantened La Unidad de las tierras de España, exaltando la rica Multiplicidad de Sus Regiones del como fuente de la fortaleza de la Unidad de la Patria.
>
> Quisiera, en mi Último momento, UNIR los Nombres de Dios y de España y abrazaros una PARA TODOS gritar juntos, Última Vez POR, en los umbrales de mi muerte:
>
> ¡Arriba España! ¡Viva España![133]

En resumen, mientras que la socialización política para establecer nuevas ideas a menudo era fortuita en España debido a la fuerza de la tradición de la Iglesia, esto podría ser utilizado para los propósitos de las cada vez más numerosas facciones políticas.

El funcionalismo estructural y Reclutamiento

La segunda parte de la interpretación de Almond et al. de la teoría funcionalista estructural, el reclutamiento, se refiere a cómo los ciudadanos se convierten en participantes activos del sistema político. En una democracia, por ejemplo, las elecciones desempeñan un papel importante

---

[132] Ibid., 151.

[133] Pío Moa, *Franco, Un Balance Histórico* (Barcelona: Planeta, 2005), 188 – 296.

en este proceso. Sin embargo, en un sistema autoritario, la contratación puede ser dominada por los líderes religiosos no electos.[134] Durante gran parte de la historia de España, el gobierno ha estado bajo el poder de los obispos españoles. Los concordatos o acuerdos por escrito que se hicieron entre la Santa Sede y los gobernantes de España dejaron en claro que el papado nombró a obispos españoles y otros funcionarios de la Iglesia.[135] Los principales concordatos con España se realizaron en 1757, 1851, 1946 y 1953. El 27 de agosto de 1953 el concordato legitimó el régimen de Franco a los ojos de muchos españoles, ya que proporcionan el pleno reconocimiento papal del gobierno fascista y "jugó un papel decisivo en el fortalecimiento del control de Franco sobre el país.[136] El Artículo uno del concordato de 1953 proclamó que el catolicismo era la única religión de España y dio a la Iglesia derechos considerables.:

> La Iglesia Católica Apostólica Romana continuará siendo la única religión del Estado español y disfrutará de los derechos y prerrogativas, al estar bajo el Derecho Divino y Canónico.

El artículo diecinueve del concordato ordenó que el Estado español proporcionase una dotación anual a la Iglesia:

1. La Iglesia y el Estado contemplarán la creación de un patrimonio eclesiástico apropiado que garantice una dotación adecuada para la religión y el clero.
2. Mientras tanto, el Estado, en concepto de indemnización por las confiscaciones anteriores de los bienes de la Iglesia y como contribución en nombre de la nación a la obra de la Iglesia, se asignará una dotación anual adecuada. En particular, esto incluirá los créditos para los Arzobispos y Obispos diocesanos, los Asistentes, los Vicarios auxiliares generales, los capítulos de la catedral y las colegiatas, el clero de la parroquia, así como

---

[134] Almond, et al., 34.

[135] Payne, *Spanish Catholicism,* 63.

[136] U.S. Library of Congress, *Country Studies, Spain,* "Foreign Policy Under Franco", 1988.

subsidios para los seminarios y universidades de la Iglesia y la práctica de la religión. Con respecto a la dotación para los sustentos no consistoriales y las becas para seminarios y universidades de la Iglesia a las normas establecidas en los Acuerdos de 16 de julio y 08 de diciembre 1946, respectivamente, continuarán aplicándose. (R.1141 y 1741 y Reserva 2376 y 17553)

Si en el futuro hay un cambio notable en las condiciones económicas generales, los citados pagos se ajustarán a las nuevas circunstancias, siendo suficiente para garantizar el mantenimiento de la religión y el apoyo apropiado del clero.

3. El Estado, fiel a la tradición nacional, pagará las subvenciones anuales para la construcción y el mantenimiento de iglesias parroquiales, rectorías y seminarios; para la promoción de las órdenes religiosas, congregaciones e instituciones de la Iglesia dedicadas a la actividad misionera y para el cuidado de los monasterios de importancia histórica en España, así como el mantenimiento del Colegio Español de San José y la Iglesia española y la Residencia Montserrat de Roma.

4. El Estado colaborará con la Iglesia en la creación de instituciones financieras para ayudar a los sacerdotes ancianos, enfermos o incapacitados. El Estado también proporcionará una pensión adecuada a favor de prelados residentes que, por razones de salud o edad, se han retirado de sus puestos.[137]

El funcionalismo estructural y Comunicación

El último elemento de la interpretación de Almond et al. sobre la teoría del funcionalismo estructural, la comunicación, se refiere a cómo un gobierno difunde información a sus ciudadanos a través de diversas estructuras. Por lo tanto, si los líderes autoritarios quieren seguir adoctrinando a la población, es crucial controlar los sistemas de información, tales como los periódicos,

---

[137] www.vatican.va/roman_curia/secretariat_state/archivio/index_en.htm - 37k - 2008-11-25, (translation by Concordat Watch, http://www.concordatwatch.eu/showtopic.php?org_id=845&kb_header_id=34561, (2010).

la radio, las escuelas y los materiales educativos.[138] H.E. Chehabi y Arang Keshararzian utilizan la República Islámica de Irán, establecida como una teocracia en 1979, para mostrar cómo las instituciones controladas por el Estado, tales como el sistema educativo y cómo el ejército ha tratado de transmitir los valores políticos y las normas a la sociedad iraní a través de tecnologías de la información como es el caso de la prensa y ordenadores personales. Sin embargo, señalan que la esfera de lo privado también puede influir en la comunicación. Sistemas tales como los hábitos familiares, vecindarios y otros grupos sociales pueden socavar los esfuerzos de un gobierno. Según Chehabi y Keshararzian, el nuevo régimen iraní utilizaba el sistema de educación como el principal agente de socialización al tener estudios religiosos islámicos, las clases en la revolución iraní y cursos de lengua árabe obligatorios prevaleciendo en el plan de estudios de la escuela primaria y secundaria. El gobierno también reescribió los libros de texto para presentar una historia sancionada por el Estado de Irán. Estos nuevos libros describen el clero como de apoyo de los levantamientos dirigidos por el gobierno y las mujeres representaban a las mujeres con velo, incluso dentro de sus propios hogares. Pero la investigación de los autores indica que los miembros mayores de la familia a menudo adoctrinaban a la generación más joven usando métodos que no estaban en consonancia con el Estado. Esto ha llevado a un mayor pluralismo, protestas por parte de grupos anti-élite y voces populares que reflejan la presencia de la diversidad étnica y lingüística en Irán desde hace siglos.[139] Del mismo modo, aunque el gobierno de Franco trató de controlar la comunicación de los escolares mediante el uso de las enseñanzas católicas, para apoyar el falangismo español en los planes de estudio y los libros de texto de las escuelas primarias y secundarias, la diversidad de la población y la falta de consenso entre los propios grupos católicos dieron como resultado un antagonismo creciente entre la Iglesia y la Falange, partido gobernante durante el régimen de Franco.[140]

---

[138] Almond, et al., 34.

[139] H. E. Chehabi and Arang Keshavarzian, "Politics in Iran", in *Comparative Politics Today, A World View,* eds. Gabriel A. Almond, G. Bingham Powell, Jr., Russell J. Dalton, and Kaare Strøm, (New York: Pearson, Longman, 2008), 563 – 588.

[140] Payne, *Spanish Catholicism,* 181.

Por último, según los sociólogos comparativos Almond y Verba, la mayoría de las personas adquieren sus valores políticos fundamentales y patrones de comportamiento justo al llegar a la etapa de la adolescencia,[141] con la familia y la escuela como las dos instituciones más importantes en la socialización del niño.[142] M. Kent Jennings, et al. coinciden y escriben que, a excepción de algunos casos de rebelión, la mayoría de los niños que entran en la edad adulta, tienen los mismos puntos de vista políticos que sus padres.[143] Por lo tanto, se puede postular que las estructuras de la Iglesia y las escuelas en España jugaron un papel importante en la socialización política, lo que puede explicar por qué los republicanos y los nacionalistas se centraron tanto en el control de la educación. La Segunda República Española (1931 – 1936) presentó brevemente la Escuela Nueva (véase el capítulo 2) como parte de un movimiento de educación internacional que se originó en Ginebra (Suiza) a principios de siglo y adoptó las ideas de neutralidad religiosa, la coeducación y otros conceptos liberales, derivados en parte de la teoría del naturalismo de Rousseau de que el hombre es bueno en su estado natural original. Después de la derrota republicana, los educadores católicos descartan las ideas de libertad y espontaneidad en el niño como intentos de imitar a *Émile144* de Rousseau. Ellos rechazaron el plan de estudios por considerarlos provenientes de las ideas burguesas que eran la antítesis de los valores tradicionales y la disciplina educativa.

Nacionalismo

El gobierno de Franco trató de construir un fuerte nacionalismo español y católico que tuvo autoridad regional fuera de las instituciones españolas, como las escuelas locales. La Escuela Nueva (Ginebra) fue desmantelada

---

[141] See Gabriel A. Almond and Sidney Verba, *Civic Culture,* (Newbury Park: Sage Publications, 1989), Chapter 12.

[142] Ibid., 274.

[143] M. Kent Jennings, Klaus R. Allerbeck, and Leopold Rosenmayr, "Generations and Families" in Samuel H. Barnes, Max Kaase, et al., *Political Action* (Beverly Hills, CA: Sage, 1979), 140.

[144] *Émile or On Education* (1762), de Jean-Jacques Rousseau, es un discurso sobre la naturaleza de la educación y la naturaleza del hombre que estimuló el inicio de un nuevo sistema educativo durante la Revolución Francesa.

cuando Franco llegó al poder al ser considerada como promovedora de la "descristianización" de la España católica.[145] Fue sustituida en breve por la nueva escuela española que hizo hincapié en el retorno a las tradiciones educativas del siglo XVI, que acompañaron el período de mayor expansión de la Iglesia en España así como de la adquisición de los territorios españoles. Estos acontecimientos vinculaban también el nacionalismo con la religión. Pedagogos católicos basan su plan de estudios en las directivas de la ecíclica papal del Papa Pío XI sobre la educación cristiana, *Divini Illius Magistri*, dictaminada en Roma, el 31 de diciembre de 1929. A pesar de que la encíclica nunca mencionó a Rousseau por su nombre, arremetió contra muchos de los principios de la Nueva Escuela (Ginebra). Por ejemplo, el artículo 60 dice lo siguiente:

> Por lo tanto toda forma de naturalismo pedagógico que de ninguna manera excluye o debilita la formación cristiana sobrenatural en la enseñanza de los jóvenes es falsa. Cada método de la educación fundada, en todo o en parte, en la negación o el olvido del pecado original y de la gracia, confiando en los únicos poderes de la naturaleza humana, es poco sólido. Tales son, en términos generales, los sistemas modernos que llevan distintos nombres y que apelan a un pretendido autogobierno y libertad sin restricciones por parte del niño, que disminuyen o incluso llegan a suprimir la autoridad y la acción del maestro, atribuyendo al niño una primacía exclusiva de iniciativa, y una actividad independiente de cualquier ley superior, natural o divina, en la labor de su educación.[146]

---

[145] María del Mar del Pozo Andrés and J. F. A. Braster, *Pedagogica Histórica, International Journal of the History of Education*, "The Reinvention of the New Education Movement in the Franco Dictatorship (Spain, 1936 – 1976)" (London: Routledge, 2006), Vol. 42, Nos. 1&2, February, 109 – 111.

[146] Pope Pius XI, *Divini Illius Magistri, Encyclical on Christian Education*, December 31, 1929, http://www.vatican.va/holy_father/pius_xi/encyclicals/documents/hf_p-xi_enc_31121929_divini-illius-magistri_en.html, 12/4/09.

Curiosamente, los educadores católicos españoles llamaron al nacionalismo, en lugar de a la religión, como argumento para denunciar el movimiento de la Nueva Educación. Se nombraron inspectores o profesores, como Antonio Gil Alberdi, Antonio J. Onieva, Antonio Fernández Rodríguez, y Alfonso Iniesta Corredor, que proclamaron la necesidad de crear una "Escuela de Español" para eliminar las influencias extranjeras, elitistas y exóticas en el campo de la educación.[147] Casi diez años antes, en la década de 1920, se formó en España la Unión Patriótica. Sus miembros, que se estimaban entre 500.000 y 1.700.000,[148] eran principalmente de la clase media, los conservadores católicos que procedían de todas las provincias de España. La adhesión al lema "Monarquía, Patria y Religión" (similar a los carlistas "Dios, Patria y Rey", el grupo trató de recrear la histórica ideología católica, española y fomentar un nacionalismo positivo. La Unión Patriótica ganó fuerza a medida que apoyó la dictadura militar de Miguel Primo de Rivera (1923 – 1930), ayudando a su gobierno jerárquico y autoritario a convertirse en la primera fuerza nacionalista del siglo XX de España.[149] Tras la conclusión de la Guerra Civil Española en 1939, Franco introdujo formalmente el nacionalismo en las escuelas y encargó a educadores católicos escribir la totalidad de los nuevos materiales pedagógicos. La administración de la educación de Franco había identificado la pedagogía de la República con las ideas basadas en "extranjeros" como Dewey, Kerschensteiner y Claparède.[150] La Nueva Escuela Española ofrecería una educación clásica española basada en directivas papales y en las tendencias políticas fascistas de Franco.[151]

---

[147] Pozo and Brastier, 111.

[148] The Unión Patriótica claimed to have 1,700,000 members, but skeptics said the number was only a third of this amount. See Stanley G. Payne, *Fascism in Spain* (Madison: University of Wisconsin Press, 1999), 29.

[149] Stanley G. Payne, *Fascism in Spain* (Madison: University of Wisconsin Press, 1999), 25 - 29.

[150] Dewey, Kerschensteiner, and Claparède were pedagogical theorists. For more information, see Noah W. Sobe, "Balkanizing John Dewey", http://www.luc.edu/faculty/nsobe/NWS%20--%20Balkanizing%20John%20Dewey%20DEWEY%20BOOK%202005.pdf, 12/4/09.

[151] Pozo and Braster, 112.

El nacionalismo y el fascismo

Durante los años veinte, otros países de la Europa meridional y oriental se decantaron hacia alguna forma de nacionalismo. A partir de 1922, Italia, Grecia, Bulgaria, Polonia, Lituania y Yugoslavia tenían, por lo menos durante un período de tiempo, las diversas formas de estados autoritarios nacionales. A pesar de los esfuerzos de la Unión Patriótica, la identidad nacional de España sin embargo era débil en comparación con los países vecinos.[152] Su posición de impotencia internacional después de perder el último de su imperio inmediatamente antes de la vuelta del siglo XX, su economía subdesarrollada y su neutralidad en la Primera Guerra Mundial mantuvo a España ensimismada con temas políticos y divisiones sociales internas. El lento crecimiento económico después de la Primera Guerra Mundial debilitó el desarrollo de un sentido claro de los nuevos intereses nacionalistas, sociales o económicos que los países vecinos promovían.[153] Los historiadores identifican el final de la Primera Guerra Mundial como el momento en que una nueva fuerza radical llamada fascismo se puso en marcha.[154] Un término político vago, el fascismo, se define a menudo por lo que se opone, es decir, es antimarxista, antiliberal y anticonservador y a menudo considera que ha surgido de la oposición a la Ilustración.[155]

---

[152] Payne, *Fascism in Spain,* 30.

[153] Stanley G. Payne, *Spain's First Democracy, The Second Republic, 1931 – 1936* (Madison: University of Wisconsin Press, 1993), 156.

[154] Stanley G. Payne, *Fascism, Comparison and Definition* (Madison: The University of Wisconsin Press, 1980), 3.

[155] Ibid., 7 - 10. Después de hacer valer esta idea, Payne contradice al afirmar que "(las ideas fascistas eran) un subproducto directo de los aspectos de la Ilustración y fueron derivados específicamente de los conceptos seculares modernos y prometeicos del siglo XVIII. La divergencia esencial de las ideas fascistas de ciertos aspectos de la cultura moderna, probablemente se encuentra precisamente más en la lucha contra el materialismo fascista y su énfasis en el vitalismo filosófico y el idealismo y la metafísica de la voluntad, (cuyo) objetivo era la creación de un hombre nuevo, un nuevo estilo de la cultura… que compromete al hombre en su totalidad. Los fascistas esperaban recuperar el verdadero sentido de lo natural y de la naturaleza humana - una idea básica del siglo XVIII - En un plano superior y más sólido que la cultura reduccionista del materialismo moderno y el egoísmo prudencial ya lo había logrado "(fascismo, 10 - 11). The six-point "fascist minimum" fue postulado por primera vez por Ernst Nolte en *Die Krise des liberalen Systems und die faschistischen Bewegungen* (Munich,

Dra. Joan Domke

Su ideología se basa en la creación de un nuevo nacionalismo, un estado autoritario con principios o modelos tradicionales.[156] Por lo tanto, dado que un componente central de posicionamiento fascista en este período era un nacionalismo conservador y excluyente, el fascismo a duras penas prevaleció en España hasta la llegada de los intelectuales y activistas de fuera del país que promovieron dicho sistema.[157] Casado con la hermana de un cónsul italiano que le introdujo en el fascismo, el español Ernesto Giménez Caballero estableció elementos fascistas fundacionales en el programa

---

1968), 385. Los seis puntos eran antimarxismo, anticonservativismo, antiliberalismo, el principio de liderazgo, un ejército de partido, y el objetivo del totalitarismo. Estos han sido criticados por explicar que el fascismo no es más que lo que es.

[156] Payne, *Comparison and Definition*,7. See also *Fascism: A Readers' Guide: Analysis, Interpretations, Bibliography*, por Walter Laqueur para un estudio comparativo sobre el fascismo. El término fascismo viene de las *fasces* latinas que significaban un haz de varillas atadas alrededor de un hacha que sugiere fuerza en la unidad. El símbolo Falange (España) es un haz de flechas unidas entre sí por un yugo.

[157] En un análisis comparativo de los movimientos políticos, Payne hace una distinción entre el fascismo y el nacionalismo autoritario a principios del siglo XX. "Los movimientos fascistas representaban la expresión más extrema de nacionalismo europeo moderno, sin embargo, no eran sinónimo de todos los grupos nacionales autoritarios; (sin embargo)... sería atrevidamente inexacto argumentar que este proceso (es decir, el nacionalismo) antecedió independientemente al fascismo "Mira, Stanley G. Payne,, *A History of Fascism, 1914 – 1945* (Madison: The University of Wisconsin Press, 1995)., 14 - 15. Por puntos de vista contradictorios sobre este tema, ver Arno J. Mayer, *Dynamics of Counterrevolution in Europe, 1870 - 1956* (Nueva York: Harper & Row, 1971), John Weiss, *The Fascist Tradition* (New York: Harper and Row, 1967) o Otto-Ernst Schüddekopf, *Fascism* (Nueva York: Praeger Publishers, 1973). Estos estudiosos suelen combinar varios movimientos autoritarios fascistas y derecho, oponiéndose a la premisa de Payne de que, "la tendencia general a agrupar los fenómenos juntos, que ha sido reforzada por los historiadores posteriores y comentaristas que tienden a identificar a los grupos fascistas con la categoría de la derecha o la extrema derecha. Sin embargo, esto sólo es correcto en la medida en que la intención es separar todas las fuerzas autoritarias que se oponen tanto al liberalismo como al marxismo y asignarles la etiqueta arbitraria de "fascismo", mientras hacen caso omiso a las diferencias básicas entre ellos. Es un poco como si identificamos el estalinismo y la democracia de Roosevelt, porque ambos se oponían al hitlerismo, al militarismo japonés y al colonialismo del oeste europeo. "Véase Payne, *Comparison and Definition*, 15. Véase también la discusión extendida del fascismo y falangismo en el capítulo 4 del presente estudio.

del Partido Nacionalista de España.[158] (Véase el Capítulo 1.) Nacido en Madrid en 1899, era un escritor lúcido y prolífico; sus publicaciones se centraron en temas políticos relativos a España y al nacionalismo cultural. A Giménez Caballero le preocupaba la revitalización de su nación subdesarrollada y la posibilidad de devolverle su puesto a la cabeza de las potencias europeas - como una vez lo fue. Originalmente había optado por el pluralismo, interesándose por la cultura sefardí en Marruecos[159] y la promoción de la modernización de Cataluña, sugiriendo que Barcelona podría ser la 'Milan' de España. Sin embargo, en un viaje a Roma en 1928, quedó abrumado con el sistema político fascista italiano. Considerándolo una vanguardia, Caballero afirmó que el fascismo era más acorde a la identidad latina y católica de España y rechazó cualquier intento posterior para tratar de copiar modelos nacionales del norte de Europa. Por este motivo se retractó en su idea de abogar por el pluralismo en la enseñanza de fascismo.[160] En 1929 Giménez Caballero se convirtió en director de *La Gaceta Literaria*, una revista literaria española de audiencia internacional. Esta publicación le proporcionó una plataforma para exponer sus nuevos puntos de vista políticos a sus contemporáneos.[161] La ideología de *Nuevo Estado*162 franquista fue desarrollada para afianzar su victoria, siempre y cuando las iniciativas del gobierno inculcaran dichos valores ideológicos en los niños a través de las escuelas. Una obra clave en el nuevo plan de estudios fascista, los estudios de libros de texto social de Giménez Caballero para las escuelas primarias, *España Nuestra*, promovió la ideología fascista, e hizo

---

[158] R. W. Wilhelm, "España Nuestra, The Molding of Primary School Children for a Fascist Spain" in *Explorations in Curriculum History Research*, ed. Lynn M. Burlbaw and Sherry L. Field (Charlotte, NC: Information Age Publishing, 2005), 259.

[159] Giménez Caballero sirvió en el ejército de España y fue destinado en Marruecos desde hacía varios años.

[160] Payne, *Fascism in Spain*, 51-53.

[161] E. Giménez Caballero and Pedro Sáinz y Rodríguez, *La Gaceta literaria* (Madrid: E. Pizarro R., 1932).

[162] El término "El Nuevo Estado" se originó en Portugal en 1932, cuando Salazar se convirtió en primer ministro y quiso institucionalizar un nuevo gobierno llamado la "primera constitución de las empresas en el mundo." Ver Stanley G. Payne, *A History of Spain and Portugal,* (Madison: The University of Wisconsin Press, 1973), 667.

suyo el nacionalsindicalismo[163] y el nacionalcatolicismo.[164] *España Nuestra* fue publicada en 1943 y el primer capítulo del texto, *"La Imagen de España"* hablaba positivamente de la invasión romana de España (aproximadamente en el año 200 a C), diciendo que,

> España sintió a Roma, no como un invasor más, sino como a una madre. Una madre que la bautizó con el nombre de *Hispania* (España). Que la enseñó a hablar el *romance,* el español a la romana. Pues antes hablaba lenguas bárbaras y difíciles, parecidas algo a lo que hoy es el vascuence. Roma enseñó a España a gobernarse, a tener respeto a las leyes y a administrarse, estableciendo la nomenclatura de las regiones, conventos jurídicos, diócesis, provincias, municipios. Roma enseñó a España a contar el tiempo, a partir de la Era de Augusto. (Y luego la de Cristo.) Roma enseñó a España cultivos de agricultura, técnicas industriales, métodos comerciales.
>
> Roma enseñó a España el defenderse internamente, creándola una milicia o guardia civil que tenían sus cuarteles en los caminos, llamados *mesones* (mansiones).
>
> Roma enseñó a España a guerrear táctica y disciplinadamente, encuadrando su maravillosa infantería celtíbera en la "Falanges de combate".[165]

La idea de una conexión con el pasado y el presente de Roma sólo fomentó el argumento de los fascistas de "que la historia de España era una de las particularidades para la exclusión de influencias "extranjeras ".

Otro partidario del fascismo español fue Ramiro Ledesma Ramos, director de un periódico semanal llamado *La Conquista del Estado*, un nombre copiado de una publicación fascista italiana muy conocida. Después de estudiar filosofía en la Universidad de Madrid, Ledesma

---

[163] Véase la nota en la página siguiente para la definición del nacionalsindicalismo.

[164] R. W. Wilhelm, "España Nuestra, The Molding of Primary School Children for a Fascist Spain" in *Explorations in Curriculum History Research,* ed. Lynn M. Burlbaw and Sherry L. Field (Charlotte, NC: Information Age Publishing, 2005), 357.

[165] Ernesto Giménez Caballero, 50.

Ramos publicó ensayos sobre el pensamiento alemán a finales de la década de los años veinte. Identificado con la izquierda española en vez de la izquierda internacional, apoyó tanto el nacionalismo y el colectivismo, al que más tarde llamaría "nacionalsindicalismo."[166] Con un pequeño grupo de seguidores de jóvenes estudiantes, eventualmente formó la primera organización política fascista española el 14 de marzo de 1931, llamada Juntas de Ofensiva Nacional Sindicalista (JONS). A pesar de su esperanza de desarrollar un nacionalismo fascista, nunca tuvo más de dos mil miembros y nunca fue capaz de movilizarlos políticamente.[167]

Sin embargo, el partidario de mayor éxito del fascismo español fue José Antonio Primo de Rivera,[168] hijo del fallecido dictador, el general Miguel Primo de Rivera. Políticamente, José Antonio pasó de ser defensor de una monarquía autoritaria a apoyar un tipo de autoritarismo nacionalista más radical. En 1933, finalmente se autoproclamó fascista. Según fue desarrollándose, Primo de Rivera decidió llamar al partido político que comenzó oficialmente en octubre de 1933 con el nombre de Falange Española. Poco después, la Falange se fusionó con la organización de Ledsma, las JONS, y para 1935 la organización recién consolidada estaba recibiendo el apoyo del gobierno italiano. Dado que esta ayuda duró sólo unos pocos años, el partido fascista oficial de España no pudo mantenerse

---

[166]   Stanley G. Payne, *Falange, A History of Spanish Fascism* (Stanford: Stanford University Press, 1961), 12. Ledesma quería adoptar el nacionalismo y el colectivismo, rechazando así el término anarcosindicalismo, porque España no era un país corporativista ni nacionalsocialista, por lo tanto acuñó el término "nacionalindicalismo" en 1930 para describir las cualidades neoizquierdistas y nacionalistas del movimiento.

[167]   Payne, *Spain's First Democracy,* 175.

[168]   La dictadura de Primo de Rivera (1923 - 1930) no era un régimen fascista, sino que se centró en el apoyo a los trabajadores y al mismo tiempo trató de eliminar el anarcosindicalismo. El dictador dimitió el 26 de enero 1930, cuando se dio cuenta de que había perdido el apoyo de los militares. Murió en Francia, casi dos meses más tarde. Después de que los republicanos ganaran las elecciones en abril de 1931, el rey Alfonso XIII, abdicó de su trono. Pero después de la derrota republicana por los nacionalistas en la guerra civil subsiguiente (1936 - 1939), Franco asumió el control del país y los partidos gobernantes. Para más detalles, consulte el Capítulo Uno y James H. Rial, *Revolution from Above, The Primo de Rivera Dictatorship, 1923 – 1930* (Cranbury, NJ: Associated University Presses, 1986).

por sí mismo durante el período de depresión nacional y mundial.[169] Cuando los nacionalistas ganaron la guerra civil en 1939, el partido estatal se convirtió en la *Falange Española Tradicionalista y de las JONS* con Francisco Franco como líder.[170] En un esfuerzo por ampliar su apoyo a lo largo de la nación, Franco astutamente incluyó el mayor número posible de facciones en su organización. Esto incluyó a miembros del partido *Comunión Tradicionalista* que eran originalmente carlistas (es decir, los monárquicos y católicos) y eran, sin duda alguna, antifascistas.[171] Pero Franco nunca dio poder real al partido de la Falange ni originalmente tenía una instrucción ideológica para ello, excepto que unificaría España.[172] El "Nuevo Estado" de Franco incluía institucionalizar los valores tradicionales en las escuelas públicas y privadas por medio de nuevos planes de estudio y libros de texto (por ejemplo, *España Nuestra*). El patriotismo, el militarismo, el catolicismo y el civismo se convirtieron en temas necesarios que el nuevo gobierno afirmó ser necesarios para defender a España contra sus enemigos, comúnmente identificados como comunistas, judíos y masones. A pesar de que se estima que no hubo más de seis mil judíos en España durante la década de 1930,[173] el joven español aprendió en las escuelas durante el régimen de Franco, que con el fin de defender los valores tradicionales del siglo XVI, necesitaban defenderse de una "Conspiración comunista-judeo-masónica."[174] Al explicar la pérdida del imperio de España a partir de mediados del siglo XVII, Giménez Caballero vez más conectó España con sus raíces romanas y escribió en la segunda unidad de *España Nuestra*, "el Destino de España ":

> A España le sucedió entonces lo mismo que al Imperio romano en su decadencia. Eran demasiado grandes las fronteras, demasiado pocos los españoles buenos para

---

[169] Ibid.,177

[170] José Antonio Primo de Rivera fue ejecutado por el gobierno republicano español en el año 1936 durante la Guerra Civil.

[171] Wilhelm, *España Nuestra,* 260 – 261.

[172] Payne, *Falange,* 200 – 201.

[173] Jane S. Gerber, *The Jews of Spain: A History of the Sephardic Experience* (New York: Simon and Schuster, Inc., 1992), 261.

[174] Wilhelm, *España Nuestra,* 261 – 262.

defenderlas y demasiado abundantes los enemigos que acechaban.

Lo mismo que al Imperio de Roma en su decadencia se le echaron al español le atacaron los franceses, los ingleses, los holandeses. Y los judíos; los indios y mestizos de América; los indígenas de África.[175]

Por lo tanto, el nacionalismo se equipara con una identidad española que los fascistas han definido en función de su percepción de la historia. De esta manera, Franco construyó un gobierno unificado (sistema político) a través del uso de las escuelas y la Iglesia (estructuras) para hacer cumplir sus políticas fascistas (funciones).[176]

Realizando un análisis comparativo, el movimiento fascista de la España de Franco se parecía más al régimen de Mussolini en Italia. En ambos casos, los dictadores subordinaron a los monárquicos, a la derecha religiosa y al modernismo, fundiéndolos con los partidos fascistas estatales y los movimientos nacional-sindicalistas de sus respectivos países.[177] Sin embargo, el falangismo difería del fascismo italiano en su identificación con el catolicismo, al poseer su propia versión del concepto del "nuevo hombre", quien tenía muchas de las cualidades del héroe tradicional católico.[178]

Además, en 1942, el régimen de Franco tomó un rumbo opuesto al de Mussolini y comenzó la primera fase de desfascistización, que abarcó desde 1942 hasta 1957 to1959. Debido a la fuerza de varios sectores derechistas y católicos fuertes, la doctrina del *caudillaje* [el poder del jefe], equivalente a *ducismo* en Italia, llegó a ser más comedido.

En 1945, España se encontraba en transición de un estado de semifascista a un gobierno corporativo, burocrático y autoritario. El

---

175 Giménez Caballero, *España Nuestra*, 61.
176 Almond, et al., *Comparative Politics Today*, 29 – 31.
177 Payne, *Fascism*, 153.
178 Payne, *A History of Fascism, 1915 – 1945*, 263. El concepto del "hombre nuevo" de Mussolini era un hombre que creía que la voluntad humana domina el mundo material rehaciendo lo que está produciendo. Véase Anthony James Gregor, *Young Mussolini and the Intellectual Origins of Fascism* (Berkeley: University of California, 1979), 177.

corporativismo (o corporatismo) es un concepto de acción colectiva, que enlaza el lugar de trabajo con la esfera política para involucrar a la gente en la toma de decisiones políticas. Se trata de un sistema jerárquico, obligatorio y no competitivo altamente organizado, que por lo general abarca los consorcios industriales estatales, reconocidos por el estado y sobre los que ejerce cierto control.[179] Los años cincuenta fueron significativos por una nueva era socialdemócrata denominada Movimiento Nacional y la segunda y última fase de la desfascistización se precipitó en 1956 debido a un incidente fatal que involucró a activistas de la Universidad de Madrid. En 1957 Franco eligió un nuevo gabinete que desmanteló lo que quedaba de la autarquía nacional sindicalista y llevó a la economía de España hacia una dirección más de "laissez-faire". Sin embargo, durante el período 1960 - 1975, España pudo aprovechar algo de la prosperidad económica que estaba experimentando el resto de la Europa occidental debido, en parte, a un aumento del turismo español que trajo las influencias más externas al país. En el transcurso de este crecimiento económico, Franco abolió la censura de la prensa.[180] Los Veintisiete Puntos de Falangismo[181] fueron reemplazados en 1958 con los diez "Principios del Movimiento"

---

[179] La estructura del fascismo es el corporativismo, o el estado corporativo. Véase David D. Roberts, *The Totalitarian Experiment in Twentieth-Century Europe: Understanding the Poverty of Great Politics* (New York: Routledge, 2006), 306 and Philippe C. Schmitter, "Still the Century of Corporatism? eds. F. Pike and T. Stritch, *The New Corporatism* (Notre Dame: University of Notre Dame, 1974), 85 – 131.

[180] Moa, 169, 171. Véase también el autor español, Gonzalo Fernández de la Mora, "Franco, ¿dictador?", En El legado de Franco (Madrid: VV: AA, 1997), que rastrea los cambios en los últimos años del régimen franquista, de una dictadura a una forma más liberal de gobierno, aunque, aún tradicional.

[181] La Falange desarrolló un programa oficial, los Veintisiete Puntos, en diciembre de 1934 que era una formulación fascista clásica. El Programa de Puntos 27 rechazó fuentes de división como el separatismo regional, la lucha de clases, la existencia de los partidos políticos o un sistema parlamentario, creyendo solamente en un gobierno totalitario de partido único. El Programa de 27 puntos fue concebido para el desarrollo de un completo estado nacionalsindicalista, donde la propiedad privada debía permanecer intacta, pero los servicios bancarios y de crédito debían ser nacionalizados y las extensas fincas de tierra expropiadas y divididas. Este programa se detalla en *Programa de la Nueva España: los 26 puntos de la Falange Española Tradicionalista y de las JONS*, escritos por Falange Española Tradicionalista y de las Juntas ofensivas Nacionalsindicalistas en 1938.

que adoptó valores como la unidad, la justicia y el bienestar.[182] Después de la muerte de Franco en 1975, el rey Juan Carlos regresó y comenzó el proceso de democratización de España; en ese mismo año el Movimiento de la Falange se disolvió oficialmente.[183]

En resumen, el fascismo se asocia a menudo con un tipo autoritario, nacionalista del gobierno en combinación con el socialismo o el corporativismo. Sin embargo, debido a varios factores, entre ellos una sociedad mayoritariamente rural, una parte relativamente pequeña de la clase media y una población diversa con varios grupos de idiomas, hizo que el nacionalismo a principios del siglo XX no fuera evidente en España hasta el golpe de Estado de 1923, encabezado por el general Miguel Primo de Rivera. Españoles como Miguel de Unamuno y Antonio Machado introdujeron las ideas acerca de un espíritu nacionalista tradicional, pero Ernesto Giménez Caballero escribió sobre el fascismo durante el régimen de Primo. Asimismo, los anarcosindicalistas españoles y su fundador, Ramiro Ledesma Ramos, no deseaban ser etiquetados como fascistas ni tampoco su organización tenía ninguna relación con cualquier rama del socialismo internacional.[184] Por lo tanto, España nunca ha experimentado un verdadero movimiento fascista debido a la ausencia de un fuerte sentido de nacionalismo español.

Teoría del efecto filtro

En su estudio de 1997 sobre las escuelas en Santa Lucía, Erwin H. Epstein examinó cómo los escolares aprendían a internalizar el concepto de nacionalidad. Él llegó a la conclusión de que las escuelas actuaban como un filtro de la realidad y el éxito o el fracaso de este filtro dependía en parte de la distancia de la escuela con el "centro cultural". Epstein mostró que los niños que vivían en las zonas rurales eran más susceptibles de ser "aculturados" o adoctrinados en mitos idealizados que aprendieron

---

[182] Véase Fernando Díaz-Plaja, ed., *La posguerra española en sus documentos* (Madrid: Plaza and Janés, 1970), 330 – 33.
[183] Ibid., 155 - 156.
[184] Stanley G Payne, *Falange: A History of Spanish Fascism* (Stanford: Stanford University Press, 1961), 14.

en la escuela, debido a su limitada exposición a un ambiente político más amplio. También planteó que las escuelas "filtro" dejaban de lado aspectos que no favorecían la cultura dominante, para que los menos adoctrinados fueran más susceptibles a los dictados del patriotismo. Antonio Viñao hace una observación similar y señaló que los niños de las zonas rurales de España tenían una falta de educación "no formal", tales como las bibliotecas públicas, medios de comunicación, educación o instrucción popular recreativa o informal, actuaciones musicales locales y centros o clubes para excursiones o deportes. Viñao afirma que la falta de educación no formal e informal limita la socialización de los niños dentro de la sociedad en general. De esta manera, los escolares y la población de las zonas rurales en general, han sido más susceptibles a la llamada de apoyo a dictadores y a gobiernos autoritarios.[185]

Sociólogos y teóricos de la economía han postulado que la sociedad humana crea varias formas de capital, como la simbólica, la económica, la cultural y la social.[186] Omar Lizardo ideó un estudio sistemático que analizaba las formas más amplias de la ciudadanía subjetiva. Llevada a cabo por el Centro para la Investigación sobre la Realidad Social (CRSR) en España, desde abril de 1994 hasta febrero de 1995, el estudio encuestó a una muestra aleatoria de dos mil cuatrocientos españoles, a partir de los dieciocho años. Lizardo clasifica a los encuestados por su identificación con la ciudadanía, es decir, España (ciudadano nacional), Europa (ciudadano europeo), o la comunidad mundial (ciudadano del mundo). La ciudadanía nacional se dividió aún más con el fin de observar si los sujetos se identificaban primeramente con su comunidad autónoma, provincia o ciudad (subnacional). El estudio de CRSR observó que "la educación mostraba un efecto más estadísticamente significativo en los ciudadanos subnacionales (t = 11,37), y el efecto más débil (pero aún importante) sobre los ciudadanos del mundo (t = 4,30), colocando a los ciudadanos nacionales en el medio."[187] Los resultados de Lizardo eran consecuentes con la teoría

185 Antonio Viñao, *Escuela para Todos*, 12.
186 L. Judson Halifan realmente acuñó el término "capital social" en 1916, utilizándolo de una manera similar al uso actual. Consulte *Clinical Knowledge Management: Opportunities and Challenges* by Rajeev K. Bali, p. 300.
187 Omar Lizardo, "¿Puede la teoría del capital cultural de ser reconsiderada a la luz de la institucionalidad política mundial? La evidencia de España ", *Poetics 33*

del efecto filtro de Epstein que mostraba que las escuelas adoctrinaban a los estudiantes tan sistemáticamente que por lo general el resultado se correspondía con el fondo del estudiante y su ubicación geográfica.[188] En resumen, la población fuertemente rural de España durante el régimen de Franco, refleja los hallazgos de Epstein - que la educación creada por Franco y la Iglesia inculcó un nacionalismo católico que se integraba de manera más completa en estos niños que en los estudiantes de las zonas urbanas más extensas.

(Tucson, AZ: Universidad de Arizona, 2005), 101.

[188] Lizardo, 104 - 106. En ambos estudios se establece una conexión entre el grado de identificación de la organización política mundial con elementos como la ciudadanía subjetiva. Los resultados de Lizardo mostraron que la identificación con entidades transnacionales mundiales, como la Unión Europea y el mundo, sirvió de indicador independiente de patrones más amplios que los factores tradicionales, tales como el género, la religión y el origen étnico.

CAPÍTULO 4

LA RIVALIDAD Y CONSOLIDACIÓN DE LAS CORRIENTES CATÓLICA Y FALANGISTA

En este país no se lee porque no se escribe, y no se escribe porque no se lee.

– M.J. de Larra, 1832

La cita de Larra en *El pobrecito hablador*[189] se refirió al fracaso de los gobiernos liberales y conservadores del siglo XIX en España de resolver el problema del analfabetismo, debido al hecho de que muchos niños no asistían a la escuela.[190] La Constitución Española de 1812, considerada por los europeos como la más avanzada del continente desde la Constitución francesa de 1791, fue un intento de establecer los principios revolucionarios en España sobre la base de la ideología democrática. Los autores de la Constitución fueron los hombres designados por las Cortes recién elegidas

---

[189] Mariano José de Larra, "Carta a Andrés escrita desde las Batuecas por El Pobrecito Hablador", en Artículos de costumbres, (Madrid: Espasa-Calpe, 1989), 92.

[190] Agustín Escolano, Leer y escribir en España. Doscientos años de alfabetización (Madrid: Fundación Germán Sánchez Ruipérez, 1992), 13.

de 1810.[191] Este cuerpo de funcionarios, integrado por representantes de todas partes de España, elaboraron el documento a partir de los documentos de los gobiernos americano y francés de la época.[192] El Artículo Veinticinco declaró que para 1830, los ciudadanos iban a dominar la lectura y la escritura para que pudieran ejercer sus derechos en la sociedad. La Constitución dispone también que el gobierno establecería las escuelas en todos los municipios para integrar a la nación española.[193]

Entre 1800 y 1830, el gobierno de España era inestable, con poder vacilando entre el absolutismo del rey Fernando VII y la Santa Alianza, en comparación con los gobiernos más igualitarios liderados por las Cortes y la efímera *Junta Suprema Central* de (1808 - 1810), un cuerpo legislativo integrado por delegados representantes de las provincias de España. Debido a la volatilidad de la situación política, incluyendo las guerras napoleónicas desatadas en Europa en el período de 1803 a 1815, hay encuestas no oficiales que fueron realizadas en España desde 1797 hasta 1857, cuando se llevó a cabo un nuevo censo de la población.[194] Sin embargo, investigadores de la educación moderna como Julio Ruíz Barrio, Agustín Escolano y Antonio Viñao, han estimado que menos del diez por ciento de la población total de España en 1841 sabía leer y escribir.[195] En 1860, el número se había duplicado casi al veinte por ciento y a comienzos del siglo XX, un tercio

---

[191]   Albert P. Blaustein, Constitutions of the World (Nashville: Carmichael and Carmichael, Inc., 1993), 22.

[192]   John Cowans, Modern Spain: A Documentary History (Philadelphia: University of Pennsylvania Press, 2003), 14. Las elecciones se celebraron en las áreas de España no ocupadas por los franceses, pero los ciudadanos representativos que vivían en Cádiz, que eran originalmente de las regiones ocupadas y representaban sus territorios de origen.

[193]   Julio Ruíz Barrio, Política escolar de España en el siglo XIX (1808 – 1833) (Madrid: Consejo Superior de Investigaciones Científicas, 1970), 55.

[194]   Instituto Nacional Estadística, http://www.ine.es/censos2011/censos2011_aranda.htm.

[195]   Véase Barrio, Políticos escolar de España, 352 – 3, Escolano, Leer y Escribir en Espana, 31, y Viñao, History of Education Quarterly, "The History of Literacy in Spain: Evolution, Trends and Questions", 30-4 (1990), 21-40 así como las estadísticas originales en http://www.ine.es/inebaseweb/pdfDispacher.do?td=118645&ext=.pdf. Una vez desglosados por sexo, los hombres alfabetizados representaron el17,1 por ciento, mientras que sólo el 2,2 por ciento de las mujeres sabían leer y escribir.

de la población estaba alfabetizada. En 1940, el año después de que Franco asumiera el poder, dos tercios de la población sabían leer y escribir.[196]

La historia de España ha estado repleta de luchas por el control de los maestros, libros de texto y planes de estudio. Incluso cerca del final del régimen de Franco, las Cortes lucharon amargamente antes de acordar sustituir la *Ley Moyano* de 1857, de más de cien años de antigüedad, que instituía el sistema escolar del país y estuvo en vigor durante la mayor parte del mandato de Franco (ver capítulo 2). Esta ley hacía la escolarización obligatoria a nueve años de edad; las escuelas iban a ser dirigidas y financiadas por los municipios, aunque el plan de estudios y los libros de texto fueron establecidos por el gobierno central.[197] Cuando los nacionalistas llegaron al poder en 1939, uno de los primeros puntos en su orden del día fue el de tomar el control del sistema educativo fuera de las manos de los republicanos, que estuvieron a cargo de la educación a partir de 1931 – 1939. Creían que la "revolución roja" fue desarrollada con la ayuda del sistema educativo y que "la nueva España no triunfará si no conquista la Escuela ".[198]

El Fascismo

Como se discutió anteriormente en este estudio, algunos estudiosos afirman que el partido de gobierno en la guerra civil posterior España franquista no reflejaba la ideología fascista "clásica". Ron Wilhelm, por ejemplo, escribe que los elementos ideológicos en la España franquista eran una mezcla desigual de autoritarismo moderado y corporativo, representado por el catolicismo político del partido mayoritario antes de la Guerra Civil, CEDA (Confederación Española de Derechas Autónomas), monárquicos que habían sido partidarios del rey Alfonso XIII, oficiales militares conservadores expulsados y los neotradicionalistas de la derecha

---

[196] Escolano, 31. Posteriormente, este número siguió creciendo, por lo que en 1981, sólo el 6,3 por ciento de la población total era considerada analfabeta.
[197] Adrian Shubert, A Social History of Modern Spain (London: Unwin, Hyman, Ltd., 1990), 182.
[198] Luís Ortiz Muñoz, Glorias imperiales, libro escolar de lecturas históricas, 2 vols. (Madrid: Editorial Magisterio Español, 1940), 1:7.

radical, representada por el CT (Comunión Tradición)[199]. Además, existía mucha animosidad entre la CEDA y los fascistas, quienes afirmaron que la C.E.D.A. estaba compuesta por la "burguesía política" que aceptó métodos parlamentarios con la ecuanimidad del clero y no favorecía una autoridad central fuerte. La creencia fascista coincidió más estrechamente con Acción Española (AE), un partido monárquico que se desprendió de la CEDA en 1931, afirmando que ésta miraba al pasado mientras ellos miraban hacia el futuro.[200] Entre el gabinete de once miembros que Franco nombró el 31 de enero de 1938, sólo tres se describieron a sí mismos como falangistas y les fueron otorgados puestos de menor importancia.[201] Dicho esto, los elementos del fascismo impregnaron el nuevo régimen y estaban presentes en muchos grupos aparte de la Falange, "que ya no tenía el monopolio del fascismo." [202]

Sin embargo, los escenarios controlados por varios grupos fascistas se convirtieron en un "equilibrio de poder", astutamente orquestado por Franco sin vinculación alguna a ideologías específicas. En 1940, poco después de que Franco declarara la neutralidad de España durante la Segunda Guerra Mundial, él despidió al general Juan Yegüe Blanco, a quien con anterioridad había nombrado, hacía poco más de un año, con el nuevo cargo de Ministro de las Fuerzas Aéreas, y lo reemplazó por el general Juan Vigón Suerodíaz. Franco destituyó a Yegüe cuando el general declaró públicamente que España debería intervenir en la guerra en apoyo

---

[199] Ron Wilhelm, "España Nuestra: The molding of primary school children for a fascist Spain", *Journal of Curriculum and Supervision*, (New York: H. W. Wilson, Spring, 1998), Vol. 13, No. 3, 258 – 9.

[200] Gonzalo Redondo, 342 – 343.

[201] Payne, el régimen de Franco, 1936 - 1975, 181. "Las únicas posiciones dadas a los falangistas fueron el Ministerio de Agricultura, para Fernández Cuesta (que no tenían n calificación alguna en esa zona - una indicación de la baja prioridad que se da la agricultura en el nuevo régimen) y el inevitablemente Ministerio Falangista de Acción y Organización Sindical, que fue para el neo-falangista Pedro González Bueno ". Además, probablemente el más poderoso era Ramón Serrano Suñer, Ministro del Interior, que era considerado el "Goebbels "del fascismo español y se convirtió en una "piedra en el zapato para el general Franco". Ver http://www.guardian.co.uk/news/2003/sep/04/guardianobituaries.spain, 06/28/10.

[202] Stanley G. Payne, *Falange: A History of Spanish Fascism* (Stanford and London: Stanford University Press, 1961), 70.

de los países del Eje, y en segundo lugar, porque la inteligencia descubrió que estaba planeando un golpe de Estado. Con el fin de apaciguar a Hitler, Franco lo sustituyó por Vigón, un falangista moderadamente pro alemán que apoyó la posición neutral de Franco y que no era un "portavoz" de Hitler.[203] Y aunque Franco nunca destituyó a su cuñado, Ramón Serrano Súñer, que fue ministro del Interior, supervisor de la policía y el gobierno local y jefe de dirección de Prensa y Propaganda de la Falange, reemplazó muchas de las citas de Serrano Súñer con los carlistas y monárquicos, para equilibrar políticamente el gabinete y evitar una toma de poder por su creciente relación popular. Astutamente, Franco rechazó al amigo de Serrano Súñer, Pedro Gamero del Castillo, secretario general de la Falange Tradicionalista Española (FET) y lo reemplazó por José Luis de Arrese y Magra, un falangista competidor de Serrano Súñer, y con el apoyo de Franco, rápidamente socavó al Ministro del Interior nombrando a sus propios hombres.[204] Como secretario general, Arrese estableció una distinción entre el falangismo y el fascismo, el definiendo este último como un movimiento católico; en oposición al fascismo (y el nazismo), a las que consideró ideologías paganas. Arrese transformó el partido de la Falange fundiéndolo más con la religión para que pareciera menos radical, convirtiéndolo luego en una organización altamente centralizada y burocrática, que era leal a Franco.[205]

Aunque la mayoría de los historiadores definen el falangismo como el fascismo español,[206] no existe un consenso sobre la definición del fascismo. Según George L. Mosse, el fascismo carecía de un fundador común, aunque en la década de 1930 no había ninguna nación en Europa sin un partido fascista nativo. Originado como un exponente del positivismo y el liberalismo a finales del siglo XIX, el fascismo se convirtió en una rebelión

---

[203] Paul H. Lewis, *Latin Fascist Elites: The Mussolini, Franco, and Salazaar Regimes* (Westport, CT: Praeger Publishers, 2002), 88 – 89.

[204] Gamero del Castillo se retiró de la política en 1946 y más tarde se involucró con la Unión Española de Financiación y la Sociedad Española de Construcción Naval. Ver Phillip Rees, Diccionario Biográfico de la extrema derecha desde 1890 (Nueva York: Simon and Schuster, 1990), 145.

[205] Lewis, 87.

[206] Para un estudio más detallado sobre el Falangismo véase Stanley G. Payne, *Falange: A History of Spanish Fascism* (Palo Alto, CA: Stanford University, 1961).

contra el movimiento burgués cada vez más popular, que se oponía a la moral y la seguridad tradicionales. Y aunque el fascismo inicialmente dio la impresión de que era "abierto", finalmente se acercó a los extremos del nacionalismo, el racismo y la moralidad.[207] Eugen Weber coincide con Mosse en que al desaparecer el clima intelectual europeo del siglo XIX se precipitó el origen del fascismo.[208] Además, Mosse, junto con Zeev Sternhell y otros como Ernst Nolte, localizan específicamente en Francia, entre los años 1880 y 1890, el comienzo de un fascismo ideológico que se esforzó en fusionar el nacionalismo y el socialismo junto con el nacimiento de ese nuevo movimiento que Sternhell denominó como una fuerza política. Payne también escribió que el fascismo surge de la reflexión intelectual, pero tiene sus orígenes en una hebra de la Ilustración que combinó el idealismo metafísico y el vitalismo. Mientras Payne y Sternhell comparten que el nacionalismo es inherente a la definición del fascismo, este último enfatiza que es la adhesión al socialismo lo que caracteriza su singuaridad.[209] Con el tiempo, los términos "fascistas" y "fascismo" eran menos comunes y fueron reemplazados por "nacionalsocialismo." Weber da el ejemplo de que una de las consignas de la BUFNS (Unión Británica de Fascistas y nacionalsocialistas) fue: "Si amas a su país, eres un nacional, si te gusta tu gente, eres un socialista - Sé un nacionalsocialista".[210]

Sin embargo, una pregunta que es pertinente a esta discusión del fascismo en relación con el gobierno de Franco y la Iglesia católica, se refiere a sus creencias y prácticas de antisemitismo. En España, al igual que en países como Bélgica y Rumania, el fascismo incorpora el aspecto de la revolución moral con el cristianismo. Por el contrario, Alemania y Austria sustituyen el racismo por la religión.[211] En los últimos casos,

---

[207] George L. Mosse, *"The Genesis of Fascism", Journal of Contemporary History,* (Los Angeles: Sage Publications, Ltd., 1966), 14 – 16.

[208] Eugene Weber, *Varieties of Fascism* (Berkeley and Los Angeles: University of California Press, 1976), 10 – 11 and George L. Mosse, *Crisis of German Ideology, Intellectual Origins of the Third Reich,* (New York: Howard Fertig, 1998).

[209] Roger Griffin and Matthew Feldman, *Fascism: The Nature of Fascism* (London: Routledge, 2004), 293 – 296. This idea originated with French fascist, Georges Valois' theory that nationalism plus socialism equals fascism.

[210] Eugen Weber, *Varieties of Fascism: Doctrines of Revolution in the Twentieth Century* (New York: Van Nostrand Reinhold, 1964), 111.

[211] Ibid., 18 – 19.

esto condujo finalmente al antisemitismo, que según Mosse, no era un componente necesario del fascismo ni forma parte de los primeros años del movimiento. Particularmente en España, que tenía un porcentaje muy pequeño de Judíos en la década de 1930, al principio la Falange estaba libre de esta idea. No fue sino hasta 1936 cuando la juventud en España e Italia comenzó a estar tan desilusionada que Mussolini y Franco miraron hacia Alemania, tomaron una apariencia más poderosa de cara a las clases bajas y fusionaron el movimiento con el antisemitismo, hecho que le aportó un nuevo énfasis.[212] Como se discutió en el capítulo uno, el fascismo se asoció con la juventud e, irónicamente, muchos de sus partidarios eran burgueses - los jóvenes que se sublevaron contra los padres y la escuela. Sin estar preocupados por el cambio económico o social, anhelaban un sentimiento comunitario heredado de sus antepasados, lo cual implicó que apoyaran la unidad nacional.[213]

---

[212] Mosse, La génesis del fascismo, 23 - 24. Según Mosse, "En 1936 Mussolini se había vuelto racista, y no sólo a causa de la influencia alemana. A través del racismo intentó revitalizar el envejecimiento de su fascismo, para ofrecer una nueva causa a cualquier joven desilusionado con su revolución. La inversión italiana de actitud en esta cuestión parece haber afectado a la Falange, a pesar de la ausencia de una población judía nativa. Pero aquí también la necesidad coincidió con este cambio de actitud - es decir, llevar a cabo una apelación más potente a las clases bajas. Al igual que en Italia, en España el antisemitismo ayudó a dar al movimiento una mayor y renovada dinámica. Sin embargo, la Falange siempre rechazó el racismo secular y se basó en la fe católica militante la tradición de la cruzada de España ". Sin embargo, un reciente artículo sobre lista secreta de Franco de Judíos españoles revela su actitud hacia "esta notoria carrera ". Véase http://www.guardian.co.uk/world/2010/jun/20/franco-gave-list-spanish-jews-nazis 08/16/2010.

[213] Íbid., 23. Según Mosse, "Fue sólo en Europa Central y Oriental donde el racismo fue desde el principio una parte integral de la ideología fascista. Aquí se podían encontrar las masas de judíos, y aún en condiciones de cuasi-gueto. Eran una parte completamente distinta de la población y vulnerables a los ataques. Por otra parte, en países como Rumania de Hungría, los Judíos se habían convertido en la clase media, la formación de una entidad separada dentro de las naciones, como la clase que parecía explotar al resto de la población a través de sus actividades comerciales... Después De la Primera Guerra Mundial, las poblaciones de judíos de la Europa del este comenzaron a emigrar a los países vecinos, sobre todo a Alemania y Austria. El reporte de Mein Kampf sobre cómo Hitler reaccionó a la vista de esos extraños en Viena puede muy bien haber dado cuenta de ello. Como quiera que sea, los hechos

Maurice Bardèche, un escritor fascista francés antes de la Segunda Guerra Mundial, cree que el verdadero fascismo no debe confundirse con el nazismo, es decir, el racismo y las políticas de exterminio, que dijo que eran "desviaciones" de su doctrina básica.[214] Robert J. Soucy escribió que el análisis de Bardèche tenía algunas deficiencias y señaló que la *Action Française*, el grupo francés de extrema derecha fundado en 1898 y asociado a Charles Maurras fue (citando a Mosse) más cercano al prefascismo de lo que algunos (como es el caso de Nolte) admiten.[215]

En 1927 la Congregación del Santo Oficio de Roma denunció enérgicamente el antisemitismo que se había extendido a muchos países europeos. El Papa Pío XI había planeado escribir una encíclica sobre la condena del antisemitismo, pero murió en 1939 antes de haberlo escrito.[216] Sin embargo, el fascismo logró entrar en la Iglesia gracias al apoyo de Pío XI del corporativismo, que fue expuesto en su encíclica de 1931, Quadragesimo anno. El título se refiere al período de cuarenta años desde que el asunto del orden social estuvo dirigido por un ex Papa, León XIII, quien el 3 de marzo 1891 emitió una encíclica "Sobre la situación de los trabajadores". Para hacer frente a los problemas actuales, Pío XI, citó a León XIII, diciendo que, "una solución satisfactoria" se encuentra "a menos que la religión y la Iglesia hayan sido llamados a la ayuda". Pío XI mantuvo que

---

de la situación en esta parte de Europa dieron al fascismo un enemigo que podría ser identificado como lo que simbolizan las fuerzas que deben superarse ".

[214] Robert J. Soucy, "The Nature of Fascism in France", *Journal of Contemporary History,* Vol. 1, No. 1, Sage Publications, Ltd., 1966, 27 – 55, http://www.jstor.org/stable/295648, 6/8/2010.

[215] George L. Mosse, "E. Nolte on Three Faces of Fascism", *Journal of the History of Ideas,* Vol. 27, No. 4 (Oct – Dec., 1966), 621 – 625, University of Pennsylvania Press, http://www.jstor.org/stable/2708345, 6/8/2010. Nolte une el La Action Francaise con el movimiento pre-fascista, que Mosse señala, es "un buen punto de partida para una crítica de su síntesis".

[216] Pier Francesco Fumagalli, "The Roots of Anti-Judaism in the Christian Environment", *Nostra Aetate: A Milestone,* http://www.vatican.va/jubilee_2000/magazine/documents/ju_mag_01111997_p-31_en.html, 8/14/2010.

él, mantuvo la tutela de la religión que le fue a él le fue concedida, y bajo "Revelación Divina" declara:

> los derechos y deberes dentro de los cuales los ricos y el proletariado – aquellos que proveen las cosas materiales y aquellos que proveen el trabajo - deben ser restringidos en relación a los demás[217]

en cuanto a lo que la Iglesia, el Estado y las personas deberían hacer.

Escrito durante la Gran Depresión, esta encíclica refrendó el corporativismo social como un enfoque católico adecuado a los problemas sociales, pero sin el apoyo de un estado fuerte y centralizado. Sin embargo, varias teorías corporativistas surgieron a finales del siglo XIX, incluyendo las que mantenían las doctrinas estatales que adoptaron un gobierno secular, nacional y autoritario. En España, la mayoría de los corporativistas de la década de 1930 fueron los nacionalistas laicos y autoritarios, con sólo un pequeño grupo de carlistas, dirigido por el teórico Juan Vázquez de Mella, cuya doctrina principal era el corporativismo social católico.[218]

El fascismo Clerical y la Educación

El sistema educativo en España durante el franquismo fue el lugar de una lucha de poder político entre el gobierno y la Iglesia. Los falangistas

---

[217] Íbid.

[218] Stanley G. Payne, *Spanish Catholicism, An Historical Overview* (Madison, The University of Wisconsin Press, 1984), 161 - 162. Payne se refiere al corporativismo como el "otro ismo" debido a su doctrina vaga y variada. "Su concepto raíz propone la organización interna armoniosa de los distintos sectores de la sociedad o de la función económica de amplias estructuras, asociados orgánicamente a la representación y la cooperación. El corporativismo económico difiere del sindicalismo en la combinación de la organización del capital y del trabajo dentro de la asociación interna de cada sector económico importante. El corporativismo político adoptó la teoría de la representación de los grupos funcionales o unidades económicas y profesionales en un sistema "orgánico" (funcional y estructuralmente relacionado), a diferencia del sistema parlamentario del liberalismo, atomista, individualmente separado y mutuamente competitivo". Según Payne, la postura oficial de la Iglesia de la Iglesia fue apoyar la descentralización de la función y de grupo.

dictaban la política y las leyes del estado en materia de educación, en un intento de influir en las actitudes, creencias y valores de la juventud española. La Iglesia católica, por su parte, controlaba lo que muchos de los niños estaban aprendiendo en las escuelas a través de los planes de estudio religiosos, con la esperanza de deshacer cualquier cambio ideológico que se hubiera llevado a cabo durante la República y al mismo tiempo para competir por el poder con los falangistas. Dado que la cultura política nacional en España inmediatamente después de la Guerra Civil estuvo dominada por un fuerte partido católico gobernante, muchos católicos apoyaron al gobierno de Franco, suponiendo así haber detenido el proceso de secularización que estaba muy extendido durante la Segunda República Española. Tenían la esperanza de evitar la separación de las instituciones de la Iglesia y el Estado, el modelo adoptado por muchos Estados-Nación de la Europa Occidental después de la Segunda Guerra Mundial. Sin embargo, como la dictadura de Franco se hizo más fuerte, la Iglesia comenzó a perder su influencia política y terminó subordinándose al gobierno. [219]

El plan de la Falange para las escuelas se incluyó en Qué es 'lo nuevo'... Consideraciones Sobre el Momento español Presente, un intento por parte de José Pemartín de escribir un manifiesto español para el "Nuevo Estado" de Franco. Acción Española, la derecha, el brazo fascista de la CEDA que tomó su nombre de la Action Française, intentó definir una ideología católica nacional en cuanto a la religión, la historia y la cultura, e incluyó los principios fascistas como la militancia, el autoritarismo y el nacionalismo.[220] Como base para las directrices políticas, incluida la educación, este libro explica la base de las políticas de la Falange. Por ejemplo, en el capítulo seis, titulado "La Cuestión Religiosa" y subtitulado "La Iglesia y el Estado" Pemartín explicó que:

> La primera de éstas (conclusiones) se refiere al Primer
> Principio sustentador de la nacionalidad española y a la
> vez del Estado Español nuevo. La nacionalidad Española

---

[219] Michael Gehler and Wolfram Kaiser introduction to *Christian Democracy in Europe since 1945*, eds. Michael Gehler and Wolfram Kaiser (New York: Routledge, 2004),Introduction (Gehler and Wolfram), 6.

[220] Carolyn Boyd, *Historia Patria* (Princeton, New Jersey: Princeton University Press), 234.

se halla fundida con su ideal Católico. El Fascismo es, en pocas palabras, la fusión hegeliana de la Nación y el Estado. Por consiguiente, si España ha de ser nacional, y ha de ser fascista, el Estado español ha de ser necesariamente Católico. No sólo que reconozca que el Catolicismo es la Religión de la mayoría de los españoles, y como tal, la proteja; no que sólo reconozca, que sólo acepte, o respete, o reverencie, o proclame… Ninguno de esos verbos es suficiente. Es preciso el verbo Ser. Que el Estado Español sea Católico.

En el capítulo nueve, titulado, "La Instrucción Pública", Pemartín luego explicó la importante conexión entre Lo Nuevo, el catolicismo y el fascismo, particularmente en la educación pública. Pemartín reiteró que la nación española debía en primer lugar, por encima de todo, ser católica y luego citó a Mussolini, declarando que el fascismo debía ser "el alma del alma" y "la religión de la religión».[221] Pemartín advirtió que nada debía ser enseñado en las escuelas que se opusieran al catolicismo ortodoxo, y que un *Cuerpo de inspectores de enseñanza* sería seleccionado para asegurar su cumplimiento. Además, la enseñanza no debía contradecir la política española, que, de acuerdo con Pemartín, es "des personajes y no de masas -'carlyliana 'y no' rousseauniana'-, de héroes y no de mediocridades; de Desigualdad valorativa y no de igualitarismo nivelador. Pemartín reconoció que hubo momentos en que la Iglesia y los gobiernos fascistas habían experimentado la fricción, hecho que no les hizo desvincularse de sus creencias fascistas:

> Cierto es que aquí en España, con el Fascismo intensivo esencialmente Católico que propugnamos, estas fricciones se anularían por completo. Pero hemos querido citar esta Doctrina, que podemos llamar personalista, de defensa de los derechos primarios esenciales de la persona, como confirmación evidente de los Principios que sustentamos y que emanan, para nosotros los Católicos, de la más alta autoridad.

---

[221] Ibid., 55, quoting Mussolini, *La Doctrina Fascista,* Florence.

Pemartín describe el tipo de ciencia que se enseña en las escuelas citando extensamente los escritos del Dr. Alexis Carrel. Durante la década de 1930, Carrel, un cirujano francés muy conocido, desarrolló un interés en temas filosóficos y sociales, el apoyo a muchos aspectos del nacionalsocialismo alemán y la educación fascista.[222] En 1935 publicó un libro Carrel, L'Homme Cet Inconnu [El Hombre, Ese Desconocido] que describe al hombre como un ser humano y no una máquina fabricada. A partir de esto, Pemartín concluyó que, dado que las personas son individuos, no pueden ser educados *en masse*. Sin embargo, este punto de vista contradice la opinión fascista de una "Nación-Estado" que, curiosamente, Pemartín reconoció:

> Por un lado, la persona ha de estar sometida al bien común, a la idea nacional, al servicio de la Patria; por otra parte, la persona tiene en sí misma su finalidad propia, con derechos inmanentes. El problema de esta dualidad no puede ser ignorado; por otra parte, tampoco puede ser resuelto, creemos, de modo absoluto, en abstracto... La Iglesia reconoce fundamentalmente esta doble función personal, puesto que en el orden político prescribe la sumisión de la persona al bien común; pero en el orden moral antepone a todo, incluso a ese bien común social, la salvación del alma, su principal empresa, que es empresa esencialmente personal. Es la persona la que se salva y no la Sociedad o la Nación las que, con respecto a la salvación, toman un carácter de principal. Por eso la Iglesia, ha sostenido siempre la existencia de deberes y derechos de la persona, inalienables, anteriores y superiores a los

---

[222] En 1904, Carrel aceptó un nombramiento en la Universidad de Chicago; dos años más tarde se trasladó al Instituto Rockefeller de Investigación Médica, donde se convirtió en miembro, y en 1912 ganó el Premio Nobel de Medicina por su trabajo en la sutura de los vasos sanguíneos. También conocida como la eugenesia, Carrel abogó por que, bajo la guía de un grupo de intelectuales, los tipos desviados deberían ser eliminados "en pequeñas instituciones de eutanasia, suministrándoles los gases adecuados", medidas que más tarde serían adoptadas por los nazis. Véase John G. Simmons, *Doctors and Discoveries: Lives that Created Today's Medicine, from Hippocrates to the Present* (Boston: Houghton, Mifflin Company, 2002), 199 – 204.

del Estado, que han provocado a veces fricciones entre la Iglesia y un estatismo Fascista demasiado absorbente. Cierto es que aquí en España, con el Fascismo intensivo esencialmente Católico que propugnamos, estas fricciones se anularían por completo. Pero hemos querido citar esta Doctrina, que podemos llamar personalista, de defensa de los derechos primarios esenciales de la persona, como confirmación evidente de los Principios, que sustentamos y que emanan, para nosotros los Católicos, de la más alta autoridad[223]

Aunque Pemartín aparece para permitir la luz tenue de un reconocimiento de la persona en este "fascismo católico", su oposición a los educadores liberales y republicanos es vívido:

Una "estatificación" general de la Enseñanza en España en el momento actual sería además cosa totalmente imposible, puesto que una parte considerable del personal oficial enseñante ha traicionado - unos abiertamente, otros solapadamente, que son los más peligrosos - a la causa Nacional. Una depuración inevitable va a disminuir considerablemente, sin duda, la cantidad del personal de Enseñanza oficial. En estas circunstancias hay una imposibilidad práctica para la estatificación total de la Enseñanza española; imposibilidad práctica que, agregada a las consideraciones tan importantes anteriormente expuestas, nos marcan, en términos precisos e indudables, la solución que se ha de adoptar.[224]

---

[223] (Se puede consultar la traducción al inglés del investigador) Pemartín, 118 – 119.

[224] Esta "purificación" fue puesta en vigor, según la crónica, por muchos historiadores y otros autores, entre ellos la conocida pedagoga española, Josefina Aldecoa. Entrelazando la historia con la memoria colectiva y testimonios individuales, su trilogía, *Historia de una maestro, Mujeres de Negro* y *La fuerza del destino es los medios de comunicación* Aldecoa utiliza para expresar su propia experiencia como una niña de diez años de edad, cuyo instructor fue asesinado el 18 de julio de 1936 por la enseñar las obras de Federico García Lorca. Con la educación como telón de fondo, estas tres novelas siguen las vidas de los personajes de ficción: Gabriela, un maestro y su hija,

Pedagogía y vitalismo

Mientras que católicos y falangistas estaban unidos en su oposición al liberalismo, no estaban de acuerdo en muchas otras áreas, una de las cuales era la pedagogía. Ambos grupos se opusieron a las ideas más "progresistas" como el naturalismo, el racionalismo y el materialismo, que los republicanos habían instituido en la educación. Pero la enseñanza tradicional religiosa incluía la memorización y la repetición de los clásicos, así como el aprendizaje de memoria, mientras que el partido de gobierno quería una "libertad restringida" que consistiría en la pedagogía con una calidad más política que reflejara el nuevo Estado.[225] En el área de la ciencia, los falangistas se alinearon más estrechamente al vitalismo, uno de los pilares del pensamiento alemán del siglo XIX, que a la ciencia racional, basada en la ciencia empirista que se enseñaba en las naciones anglo-francesas. La doctrina central del vitalismo era que la materia viva contiene una esencia de la fuerza viva y que los principios que subyacen a las propiedades de la materia inerte no son suficientes para explicar la vida.[226] El vitalismo fue la base del pensamiento idealista, basado en Paracelso y desarrollado por Boehme. Fue generalizado en la mayor parte de la enseñanza alemana desde el siglo XIX hasta la década de 1930. Paracelso, cuyo nombre de pila era Teofrasto Bombastus von Hohenheim (1493 - 1541), cree que el hombre tiene una naturaleza doble: lo visible, que es el cuerpo, y lo invisible, que es su componente espiritual. Pero entonces un tanto inconsistentemente, añadió una tercera parte, el alma, la que

---

Juana, en la época de la Segunda República Española a través de la muerte de Franco. La trilogía de Aldecoa se centró en la escuela como institución social y mostró cómo en el año 1939 la educación se convirtió en una herramienta del Estado, lo que limitó la difusión de la información a una historia "oficial" que carecía de las tendencias del siglo XIX español y las revoluciones estaban centradas más en sus triunfos sobre los infieles y los comunistas. Véase Sara Brenneis, La batalla de la Educación: *Historical Memory in Josefina Aldecoa's Trilogy* (Berkeley, University of California, 2004), 5 – 6.

225 Boyd, 168, 237, 245.

226 Robert A. Broakes, *From Darwinism to Behaviourism: Psychology and the Minds of Animals* (Cambridge: Cambridge University Press, 1984), 101.

definió como el aliento vital de Dios.[227] La teoría del vitalismo contrarrestó el intelectualismo puro de Platón y el materialismo del Renacimiento, y sostuvo que no había una fuerza misteriosa que trabajara en la materia viva que lo transforma y lo deja cuando muere esa materia. Jacob Boehme (1575 - 1624), fue el más grande expositor del vitalismo, la creencia de que la ciencia no era ni idealista ni materialista, sino vitalista. El vitalismo ha sido ignorado por muchos historiadores de la filosofía y de la ciencia, ya que se consideró como una ideología mística, pero esta filosofía reaparecería en el siglo XX.[228]

Geoffrey Jensen examinó el nacionalismo en relación con el ejército durante el régimen de Franco, y propone que determinados puntos de vista ideológicos, como el vitalismo, podrían haber penetrado en los movimientos intelectuales de España a través de las fuerzas armadas. Además observó que el ejército gozaba de fuerza durante mucho tiempo atrás, así como de gran alcance en la política y poseía su propia cultura intelectual. Jensen estudió cuatro figuras militares que destacaron a finales del siglo XIX y principios del XX y llegó a la conclusión de que eran una fuerza cultural e intelectual que ayudó a sostener el nacionalismo franquista. Uno de estos hombres, Ricardo Burguete Lana, fue un general condecorado en el ejército español que apoyó el vitalismo, creyendo que era un movimiento que rechazaba la ciencia del siglo XIX y el positivismo. En sus viajes militares, Burguete Lana fue influenciado por las corrientes intelectuales más amplias que incluían las ideas de Nietzsche y D'Annunzio y abrazó las ideas europeas inspiradas por Charles Maurras, que se opuso a la Ilustración.[229] Burguete fue miembro de la Real Academia de la Historia de España y autor de numerosos libros, folletos y artículos de revistas que atacaron los valores burgueses, como el capitalismo, el industrialismo y el progreso científico. También formó parte de los círculos literarios que

---

[227] Charles S. Myers, "Vitalism: A Brief historical and Critical Review", *Mind,* New Series, Vol. 9, No. 34 (Apr., 1900), 218 – 233. http://www.jstor.org/stable/2247568, 06/08/2010.

[228] Howard H. Brinton, *The Mystic Will: Based on a Study of the Philosophy of Jacob Boehme* (Whitefish, MN: Kessinger Publishing, 1994), 82.

[229] Geoffrey Jensen, *Irrational Triumph, Cultural Despair, Military Nationalism, and the Ideological origins of Franco's Spain* (Reno, Nevada: University of Nevada Press, 2002), 5.

incluían escritores españoles famosos, como Ramiro de Maeztu, Miguel de Unamuno y Pío Baroja. Además de Burguete, Jensen vincula a Miguel A. Espina y Francisco Villamartín, oficiales militares compañeros a finales de los siglos XIX y principios del XX, a la promoción del vitalismo.[230]

El Ministerio de Educación

El 18 de abril 1900 María Cristina de Austria reorganizó el Ministerio de Educación de España, como parte de la creación de un Ministerio de Instrucción Pública y de las Artes.[231] Durante el período de la Guerra Civil española (1936 - 1939), hubo cuatro ministros de educación.[232] En 1939,

---

[230] Ibid., 31.

[231] María Cristina of Austria was the Queen consort of King Alfonso XII of Spain and was regent of Spain before her son, Alfonso XIII, was legally old enough to rule (November 25, 1885 – May 7, 1902). See Chapter 2. http://www.educacion.es/cide/jsp/plantilla.jsp?id=arch03a&contenido=/espanol/archivo/docheducacion/adeducativa/adeducativa11.htm.

[232] A lo largo de la guerra, ambas partes tenían sus propios Ministros de Educación. Los republicanos consideraban elegido popularmente a Jesús Hernández Tomás y a Segundo Blanco González y más tarde, nombrado por el presidente, a Juan Negrín, (cuando terminó término Hernández ') los ministros oficiales de España. Ambos hombres eran militantes, y el último un miembro del Partido Comunista que implementó la legislación para suprimir la enseñanza religiosa en las escuelas primarias. Ver Pedro F. Álvarez Lázaro, Cien Años de Educación: *En torno a la Creación del Ministerio de Instrucción Pública y Bellas Artes* (Madrid: Ministerio de Educación, Cultura, y Deporte, 2001), 133. Sin embargo, el periodista andaluz de derechas, poeta, ensayista y dramaturgo, José María Pemán Pemartín, uno de los ideólogos de Primo de Rivera, fue parte de un movimiento contrarrevolucionario en España de la Segunda República que luchó contra los cambios educativos del Republicanismo a través de diversas publicaciones. Pemán era también el presidente de la Acción Española, una organización alfonsista extrema derecha que quería restaurar la monarquía de España y que había intentado establecer la dictadura de Primo como una organización permanente desplazándola hacia la ideología del fascismo. El 29 de septiembre de 1936, poco después del inicio de la Guerra Civil, Acción Española (AE) designó a Franco para ser el "Jefe del Gobierno del Estado" porque era el partido político más grande y más fuerte de España en ese momento, y se implementan rápidamente sus propios programas bajo la autoridad del "Nuevo Estado". El 3 de octubre de 1936, AE también nombró a Pemán como su Ministro de

tras el término de la guerra, el Instituto de España, un brazo del gobierno español ahora falangista, pagó por la publicación de varios niveles de los libros de texto escolares de historia escritos por el ex ministro de Educación, de ideología fascista, José María Pemán Pemartín (ver nota de pie de 42), incluyendo La Historia de España Contada con Sencillez. Una parte integral del presente estudio es que este libro de historia enseña que, a lo largo de los siglos, España y sus reyes lucharon por la unidad y la pureza racial y religiosa, la expulsión de Judíos y los que no quisieron convertirse al cristianismo.[233] Además de ser autor de libros de texto para los niños, Pemán Pemartín era un periodista español que también escribía poesía. En uno de sus poemas sobre la Guerra Civil de España, *El Poema de la Bestia y El Ángel*, los mitos españoles se combinaron con la propaganda alemana que personificaba a los republicanos como el "Satanás judío" y a los nacionalistas como Dios. Claramente antisemita, este poema se comparó con el discurso de Goebbels en septiembre de 1937, para el Congreso del Partido Nazi en Nuremberg, que dijo el "bolchevique-judío Satanás" era responsable de las atrocidades cometidas por los republicanos en la Guerra Civil Española.[234]

Uno de los libros de Pemán para estudiantes de primaria superior, *Manual de Historia de España,* incluía muchos de los mismos temas, que son elementos comunes a otros programas educativos fascistas: una lucha continua para hacer de España "una" por su renuncia a lo extranjero y las ideas ajenas, una misión nacionalista para hacer del catolicismo la única fe para el pueblo español y el engaño repetido de los extranjeros y los malos españoles.[235] Además, muchos libros falangistas, como *España Nuestra* por Ernesto Caballero (véase el capítulo 1), incluyen el tema de un caudillo español o un prototipo de El Cid que surge en la historia, para salvar al pueblo español. El último eslabón, como se ve en *España*

Educación. Para enero de 1938, tan pronto como Franco asumió más poder, nombró a dedo a Pedro Sainz Rodríguez para suceder a Pemán, aunque posteriormente dio Pemán la responsabilidad de elaborar los libros de texto.

[233] José María Pemán, *La Historia de España Contada con Sencillez* (Cadiz: Est. Cerón, 1939). http://www.educacion.es/exterior/bg/es/publicaciones/ud3.pdf, 55 – 56.

[234] Isabelle Rohr, *The Spanish Right and the Jews, 1898 – 1945: Anti-Semitism and Opportunism* (Portland, Oregon: Sussex Academic Press, 2007), 78.

[235] Boyd, 264 – 265.

Nuestra, es una conexión mesiánica con los héroes de España a lo largo de la historia. Una enseñanza católica popular era que la Iglesia se había convertido en el nuevo "pueblo elegido", por lo tanto, los líderes de España trataron de identificarse como "Salvador" de España o de un tipo de Cristo [el Mesías]. *Acción Española* eligió a Franco para liderar el movimiento nacionalista durante la Guerra Civil de España porque "Parece que fue el propio Yanguas (provincia de España) Mesías". [236] La Guerra Civil española se presenta en textos como la última batalla en que sólo los falangistas confirmaban todos los ideales tradicionales españoles. Pemán lo comparó con, entre otras cosas, la autoridad de los reyes contra los herejes en la Inquisición, de llamar a ésta la "línea eterna de la historia española." [237]

Pedro Sainz Rodríguez, considerado el primer ministro franquista de Educación, sólo sirve a partir del 30 de enero de 1938 hasta el 9 de agosto 1939, debido a un acuerdo con Franco por el que renunciaría tan pronto como la guerra hubiera finalizado. [238] Sainz Rodríguez, un monárquico y acérrimo católico, mostró profusamente en sus escritos y discursos su opinión de que los liberales y los extranjeros que habían contribuido a la "decadencia" de España y la solución era reunir a las "dos Españas" para lograr una "conciencia nacional" a través del elemento común del pasado, el catolicismo y mediante la enseñanza de la historia singular de España. [239] Los elementos de una unidad de la conciencia y la religión española tienen algunas similitudes con la posición falangista y se puede advertir en algunos de los libros de texto analizados a continuación en el presente capítulo.

Después de la dimisión de Sainz Rodríguez, el liderazgo entre las facciones católicas pasaron a la ACN de P [Asociación Católica Nacional de

---

[236] Alvarez, 87.

[237] Boyd, 265.

[238] Aunque los documentos anteriores muestran que Sainz Rodríguez pretendía renunciar al final de la guerra antes de aceptar el cargo, ciertas discrepancias con Franco se hicieron evidente que los dos hombres trabajaban juntos. Algunos creen que cuando se hizo evidente que Franco pretendía ser caudillo de España "de forma permanente", Sainz Rodríguez renunció, y fue de desgracia en desgracia, ya que fue acusado de ser masón. Véase Clotilde Navarro García, *La Educación y el Nacional-Catolicimso* (Cuenca: Servicio de Publicaciones de la Universidad de Castilla-La Mancha, 1993), 86.

[239] Boyd, 183.

Propagandistas] y uno de sus miembros, José Ibáñez Martín, fue nombrado nuevo Ministro de Educación de España.[240] Durante sus doce años de mandato (del 9 de agosto de 1939 al 18 de julio de 1951), Ibáñez Martín, al igual que su predecesor, tuvo una fuerte perspectiva católica, pero también apoyó algunas doctrinas nacionalistas de la Falange.[241] Durante su ministerio, Ibáñez Martín aprobó varias leyes, entre ellas la subordinación de las universidades a la moral y los dogmas católicos, dejando el control de las escuelas primarias y secundarias en manos de la Iglesia. [242]

Tras Ibáñez Martín, seis Ministros de Educación fueron designados durante el gobierno de Franco que abarca desde los falangistas a liberales católicos y miembros del Opus Dei a los demócratas cristianos.[243] Sin embargo, tan amplio como este espectro era, incluso cuando las agencias fueron controlados por los fascistas o falangistas, el fundamento de la cultura oficial española era el catolicismo conservador, promulgó más específicamente a través de la Iglesia. [244]

---

[240] La ACN de P era una organización católica conservadora fundada por los jesuitas con el propósito de "re-catolizar" la nación, y debido a su capacidad de establecer conexiones con varios grupos laicos, campesinos y militares, la ACN de P fue capaz de incorporar y controlar la Unión Patriótica (el partido oficial de la dictadura de Primo de Rivera.). Los nuevos miembros cuestionaron la doctrina propagandista original, que posteriormente fue modificada para incluir a derechistas nacionalistas y cuasi-fascistas "como un valor político decisivo, es decir, "la nación". Véase Boyd, 234.

[241] Ibañez Martín has also been associated with the group *Opus Dei*.

[242] Alvarez Lázaro, 108.

[243] Joaquín Ruiz-Giménez Cortés (18 de julio 1951 a 16 febrero de1956) inicialmente apoyó a Franco, pero con el tiempo se convirtió en un miembro del partido Demócrata Cristiano español, momento en el que dejó el cargo. Su sucesor, Jesús Rubio García-Mina (16 de febrero de 1956 a 19 julio de 1962) fue un falangista conservador. Manuel Lora-Tamayo Martín (10 de julio de 1962 a abril 18, 1968) fue un miembro de la ACN de P y José Luis Villar Palasí (18 de abril 1968 a 9 de junio de 1973) fue un demócrata cristiano. Julio Rodríguez Martínez (9 junio de 1973 a 3 de 1974) era un católico y miembro del Opus Dei; y Cruz Martínez Esteruelas (3 enero de 1974 a 12 diciembre de 1975), fue quien desempeñó el cargo durante el período de transición tras la muerte de Franco, fue miembro del Partido Alianza Popular. Véase Álvarez Lázaro, 106-114.

[244] Payne, *The Franco Regime, 1936 – 1975*, 435.

Los libros de texto

Los libros de texto han sido tradicionalmente uno de los principales medios para transmitir la tradición a la siguiente generación; por lo tanto, son un medio sumamente importante para la propaganda. Por ejemplo, de acuerdo con el psicólogo social, Leonard W. Doob, una interpretación patriótica de la historia puede ser un "forma oculta de propaganda no intencional... Más de lo que la extensa mayoría denomina 'educación' es propaganda desde el punto de vista de la minoría."[245] Desde el punto de vista de los niños, el contenido de los libros de texto se toma a menudo como la "verdad", ya que se integra en la experiencia de aprendizaje en el aula.

El Falangismo y los libros de texto

El falangismo español tuvo su origen en los escritos de Ernesto Giménez Caballero, que fue asesor de Franco y siguió influyendo en la cultura a través de su literatura, incluyendo *España Nuestra*, un texto de historia escrita para los escolares de primaria. (Ver Capítulo 1 fn 26 de obras complementarias de Giménez Caballero.) Además de las citas anteriores sobre la postura antisemita de Giménez Caballero, *España Nuestra* está repleta de ejemplos de este tipo. Pongamos como ejemplo lo que en la sección infantil de enseñanza se expone, acerca de la Guerra Civil Española,

> Rusia y el judaísmo se habían apoderado de Nuestras
> masas operarias y campesinas, llenándolas de odio social,
> la de separatismos Regionales, haciéndolas cerrar el puño
> de rencor. [246]

Después de la Guerra Civil Española, los libros de texto escritos por los nacionalistas contenían uno o varios de los credos esenciales de la doctrina falangista, incluyendo la unidad nacional, el anti individualismo

---

[245] Leonard W. Doob, *Propaganda, Its Psychology and Technique* (New York: Henry Holt and Company, 1935), 393.

[246] Giménez Caballero, *España Nuestra*, 66.

y el militarismo.[247] *España Nuestra* contenía los tres. En el prólogo de este libro Giménez Caballero explicó claramente sus motivos subyacentes al escribir este volumen y afirmó:

Dos Sentimientos Fundacionales

> Entre los secretos de su íntima construcción diremos a los maestros y mayores que las bases de esta ESPAÑA NUESTRA son dos sentimientos fundacionales: el *religioso* y el *heroico.* Cuyas consecuencias llevan a una exaltación incesante de los valores católicos y militares de España. Únicos capaces de justificar con exactitud y grandeza el *Destino* universal de España, la clave de su *Paisaje,* el genio de su *Lengua,* el ímpetu de su *Fundadores* y el fruto de sus *Obras.* Por eso ha evitado todo cuanto signifique <<desmembraciones>> y <<particularismos>>. No hay ninguna concesión para el terrible enemigo que ha conducido a nuestro pueblo a la guerra civil más espantosa: al separatismo de dos Españas y de dos castas de españoles. En cambio, hasta los más remotos sucesos de nuestra Patria están siempre referidos al Movimiento unificador de nuestro Falangismo, a toda aquella ansia cohesiva en que se mueve el alma española de hoy y se moverá toda auténtica España. Este Libro podrá leerse siempre. Siempre que lo lean corazones genuinos de España.[248]

En su frase inicial, Giménez Caballero indica que este libro oculta un motivo - exaltar los valores religiosos y militares a través de la unidad nacional española. El prólogo también enumera todos los títulos de los capítulos, a excepción de la primera, "La imagen de España, siendo el resto," El Destino de España", "El paisaje de España", "la lengua de España", "los Fundadores de España" y "Las Obras de España". A primera vista, estos títulos parecen inocuos para un texto de historia. Pero el contenido, tal

---

[247] See Juan Manuel Fernández Soria, *Educación y cultura en la guerra civil* (Valencia: Imprinta Martín, 1984).

[248] Giménez Caballero, *España nuestra,* 8.

como el autor refiere ("Los Secretos de su íntima construcción") guarda una agenda oculta. Por ejemplo, al explicar los términos "La Cumbre" y "una sierra", Giménez Caballero los asocia con el destino de España. En una sección titulada "Como la Cumbre de Una Sierra" concluye:

> Pues el *Destino de España*, en la Historia, tenéis que pintarlo así: como Una Sierra heno de donde hay una *cumbre ideal*, un *vértice triunfal*: el de *nuestra Unidad y nuestro Imperio.249* (Vea Figura 1)

Giménez Caballero también compuso discursos para Franco. Y en este cometido, a veces escribió material con el que Franco no estaba de acuerdo. En sus 1.981 memorias, Memorias de un dictador, Giménez Caballero recordó una conversación de Franco, el 7 de noviembre de 1936, en Salamanca. La guerra civil había comenzado y el general pretendía construir la más amplia base de apoyo que fuera posible. Él escribió que le dijo a Franco,

> (Giménez Caballero): ¿No cree que nuestra bandera internacional debe de ser la del Catolicismo? ¿Hacerlo nuestro una vez más en la historia? Si ha leído mi *Genio de España,* verá que es la bandera alzada. Nosotros no podemos ser cesáreos a la italiana ni racistas a la germana, que son hoy las dos insignias desplegadas ante las juventudes aquí en Salamanca y que traerán graves preocupaciones a Su Excelencia. Claro que nuestro Catolicismo no podrá nunca abanderar el que ha venido ondeando la C.E.D.A., las derechas autónomas y vaticanistas. Sino una fe más heroica y mística.250

Sin embargo, en 1938, Franco tomó un enfoque más pluralista. Él dio al ministro de Educación, Pedro Sainz Rodríguez, un monárquico católico nombrado por Franco en 1938, el poder de tomar decisiones educativas

---

249 Giménez Caballero, 42.
250 Ernesto Giménez Caballero, *Memorias de un dictador* (Barcelona: Planeta, 1981), 101.

que habían estado en manos de los obispos desde el siglo XIX, mientras pronunciaba que España sería culturalmente católica. Sainz Rodríguez instruyó a los maestros a "revivir el sentimiento nacional español."[251] Los libros de texto debían estar alineados con las directrices del Ministro, quien de inmediato comenzó una "iniciativa nacional contraofensiva", pero dimitió en 1939 al final de la Guerra Civil de España.[252] Sin embargo, los principios de la Ley de Reforma Educativa de 20 de octubre de 1938, que puso en vigor, siguieron teniendo vigencia durante los próximos treinta años. En una carta escrita después de iniciarse el acto de reforma, Sainz Rodríguez explicó la intención de esta nueva ley:

> Tras la formación del primer gobierno, los dirigentes del Ministerio de Educación acometieron la tarea de reorganizar la educación y la enseñanza, sobre la base de la doctrina tradicionalmente sostenida por la Iglesia... Nuestro invicto Caudillo ha dicho que España será católica en lo cultural... Hay que imprimir a la Enseñanza española en el sentido de la Ortodoxia Católica; tanto por la Enseñanza de la Religión en todos los grados, como por la prohibición absoluta y total de la difusión proselitista de las Doctrinas anti-católicas. Sobre esto último iba a insistir al rebatir con "mentalidad científica" lo que decían algunos, "incluso católicos bienintencionados," "de que hay que tolerar y ser respetuosos con las opiniones ajenas:" "Intolerancia absoluta para las doctrinas y opiniones discrepantes de la Religión Católica verdadera; compasión y caridad cristiana para las personas que las sustentan."[253]

---

[251] José Sainz Rodríguez, "La escuela y el Nuevo Estado", en los hombres, *Curso de Orientaciones* 01:58. Sainz Rodríguez fue originalmente profesor de lengua y literatura en la Universidad de Olveido y había sido diputado monárquico tanto bajo el reinado de Alfonso XIII como en la República. A pesar de no estar de acuerdo políticamente con los carlistas, fue capaz de establecer el dominio de la Iglesia Católica en la educación en contraposición con la postura de superioridad de los falangistas en el nuevo gobierno. Véase Paul H. Lewis, *Latin Fascist Elites: The Mussolini, Franco, and Salazar Regimes* (Westport, CT: Praeger Publishers, 2002), 82.

[252] Stanley G. Payne, *The Franco Regime, 1936 – 1975*, 180 – 181.)

[253] Redondo, 522 – 523.

Por la década de 1940, la Iglesia continuó siendo influyente en el sistema educativo, según atestiguan las revistas pedagógicas católicas populares, tales como *Atenas, El Magisterio Español* y *la Escuela Española*. Estas orientaciones metodológicas precisas previstas para los maestros sobre cómo aplicar los principios de "pedagogía española" a diversas disciplinas. Al mismo tiempo, los educadores franquistas no replican la enseñanza del siglo XVI, como habían dado a entender que lo harían, sino adaptada a la enseñanza para que coincidiera con el ambiente político actual. Sin embargo, el 18 de julio de 1945, cuando el gobierno de España efectuó oficialmente la transición al nacional catolicismo, Franco dio la mayoría de los puestos clave a los políticos católicos. Para 1948, el cincuenta por ciento de todos los estudiantes de secundaria en España asistió a colegios privados (escuelas secundarias), cuyas tres cuartas partes pertenecías a instituciones religiosas.[254] La Falange vio esto de forma negativa, considerándolo como una descentralización y privatización del sistema escolar.[255]

La Iglesia Católica y los libros de texto

Los libros de texto católicos escritos en la década de 1940 para los estudiantes más jóvenes estaban menos orientados en los hechos y más centrados en la historia, usando las anécdotas, la poesía y los extractos de las obras de diversos escritores religiosos como Marcelino Menéndez y Pelayo, Ramiro de Maeztu y Whitney.[256] Los autores mezclan relatos de la historia de la nación con interpretaciones emocionales del folclore, utilizando el pasado para motivar a los estudiantes usando una fidelidad al estilo tradicional llevado al presente. Un conjunto de resúmenes, que

---

[254] Otros estudiosos han señalado el comienzo del nacional catolicismo con el inicio de la dictadura de Primo de Rivera (1923 - 1930) - Véase Boyd, Historia Patria (Princeton: Princeton University Press, 1997), capítulo 6.

[255] Boyd, 242, 259.

[256] Ibid., 250. Menéndez y Pelayo fue profesor de literatura española y un católico devoto que defendió la tradición nacional contra los reformadores políticos y religiosos. Maeztu, un miembro de la Generación del 98, nació en España, hijo de padre vasco y madre Inglesa. Un periodista y crítico literario, que apoyó la autoridad y la tradición de la Iglesia Católica Romana y la dictadura de Primo de Rivera. Fue asesinado durante la Guerra Civil española en 1936 por soldados republicanos.

combinan todas las asignaturas de primaria (matemáticas, historia, historia sagrada, geografía, idioma, etc.) llamado Enciclopedia Álvarez, intuitiva, Sintética y Práctica, fue una alternativa económica a los antiguos lectores. La serie Enciclopedia publicada por los jesuitas consistía en un volumen para cada nivel, primero a tercer grado. Una sección de la historia en el segundo nivel de grado llamado "Alzamiento Nacional", racionalizó la Guerra Civil de España:

Las Aspiraciones del Movimiento Nacional ya han sido logradas en parte; La Lucha de Clases ha terminado; el Espíritu Religioso ha Vuelto a resurgir; la justicia social, ha Sido implantada, y ACTUALMENTE SE ESTA procediendo a la Industrialización de España, AÚN Pero es mucha la tarea Que Queda Por realizar, y Todos debemos contribuir nuestro de la estafa Esfuerzo Para Que los Grandes Ideales de Franco y la Falange, Iniciadores del Movimiento Nacional, no malogren sí.[257]

> Las aspiraciones del Movimiento Nacional ya han sido logradas en parte; la lucha de clases ha terminado; el espíritu religioso ha vuelto a resurgir; la justicia social ha sido implantada, y actualmente se está procediendo a la industrialización de España, pero aún es mucha la tarea que queda por realizar, y todos debemos contribuir con nuestro esfuerzo para que los grandes ideales de franco y la Falange, iniciadores del Movimiento Nacional, no se malogren.[258]

Un texto de historia para estudiantes de primaria superior, *El Libro de España,* por María del Pilar Ibáñez de Opacua combinaba las hazañas de Rodrigo Díaz de Vivar (1043 - 1099), el legendario Cid quien ayudó a la reconquista de España contra los moros, con la Justificación de Castilla

---

[257]   Antonio Álvarez, *Enciclopedia, Intuitiva, Sintetica y Practica, Segundo Grado* (Madrid: EDAF, 1954), 385.
[258]   Antonio Álvarez, *Enciclopedia, Intuitiva, Sintetica y Practica, Segundo Grado* (Madrid: EDAF, 1954), 385.

como el comienzo del movimiento nacionalista de España. En una sección sobre la Edad Media, Pilar Ibáñez escribe:

> ¡Castilla, escenario de las gestas heroicas de la raza, cuando cabalgaba el Cid y libraban batallas los príncipes cristianos en la lucha secular de la Reconquista! ¿Cuándo nace Castilla?
> En los primeros siglos de la Reconquista...¡Es la Castilla heroica, corazón impulsivo, corazón grande, corazón de España! ES LA CASTILLA DE HOY, PALPITANTE DE EMOCIÓN, QUE SE INCORPORÓ DESDE LOS PRIMEROS MOMENTOS AL GLORIOSO MOVIMENTO NACIONAL.[259]

La última sección del libro de Pilar Ibáñez, llamado "Glorioso Movimiento Nacional" vuelve de nuevo al pasado, diciendo que España se moría hasta el triunfo de las Cruzadas. A continuación se detalla la victoria de los republicanos en 1931 que trajo:

> irreligiosos y revolucionarios, hicieron causa común con los agentes pagados por Rusia. Descatolizar a España fue su primer intento. Y para ello tendieron los atentados contra la Iglesia, traducidos en nefastas Leyes, trágicos Incendios de Templos y conventos, atropellos a los religiosos, a los religiosos a la prensa católica del ya el los particulares, que no comulgaban con los principios revolucionarios.[260]

Los estudiantes mayores que asistían a *colegios* recibían más libros de texto relacionados con eventos, ya que tenían que pasar los exámenes estatales finales para poder graduarse. Feliciano Cereceda, profesor en un colegio jesuita en Vigo, España redactaba libros para las escuelas católicas privadas. Entre sus escritos hay dos libros de historia, *Historia y Geografía de España* e *Historia del Imperio Español y de la Hispanidad*, publicado en

---

[259] María del Pilar Ibáñez de Opacua, *El Libro de España* (Madrid: Publicaciones de la Institución Teresiana, 1941), 98 – 99.
[260] Ibid., 294.

1941 y 1943 respectivamente. Sus libros respetan los valores tradicionales españoles impartidos para examinar las vidas de los héroes del pasado, pero además, permitieron a los estudiantes evaluar los principios españoles, lo cual derivó en lecciones sobre la identidad y cometido nacional.[261] Por ejemplo, en la introducción a la segunda edición de la *Historia del Imperio Español y de la Hispanidad*, Cereceda dice,

Pero Cereceda siguió haciendo hincapié en el pasado "glorioso" con el fin de apuntar a un igualmente espléndido futuro. En Historia del Imperio, escribió:

> ... en las páginas que siguen, no se ha descendido a contar las guerras y sucesos con la minuciosidad que debe hacerse en un Manual...Las críticas apasionadas de nuestros enemigos nos han hecho aparecer a nosotros mismos tímidos, cuando escribíamos nuestra historia. Es hora ya de relatarla como fue; realizada por españoles y escrita también por ellos.[262]

Pero Cerededa continúa dando énfasis al "glorioso" pasado con la intención de equipararlo a un futuro espléndido. En *Historia del Imperio* escribió:

> ¡El porvenir de España unido después de tres siglos al destino del pasado! Porque nuestras ansias de ahora coinciden con las realidades pasadas, proclamamos la continuidad histórica del imperialismo actual, don el que llenó los días gloriosos de Felipe II.... Esta es la gran tarea que Dios nos ha guardado para la España de ahora.... ¡¡Por el Imperio, a Dios!![263]

Los libros de texto utilizados en las escuelas tenían que ser aprobados primeramente por una comisión de examen ministerial ad hoc, inicialmente

[261] Boyd, 250 – 251.
[262] Feliciano Cereceda, *Historia del Imperio Español y de la Hispanidad*, (Madrid: Razón y Fe, 1943), Introducción.
[263] Ibid., 273 – 274.

creada por el Ministerio de Educación y posteriormente por el Consejo de Educación Nacional, creado por Franco en 1941, la comisión era también un brazo de la administración y la parte formal del gobierno. Estos comités se aseguraron de que los libros de texto admitieran los valores religiosos y patrióticos del régimen imperante y reprobaran tendencias "liberales" o "positivistas".

Resumen

A lo largo del régimen de Franco, existieron tensiones entre los educadores católicos y los falangistas, ya que ambos grupos se disputaban el control del sistema escolar. Los católicos se opusieron tradicionalmente a la interferencia estatal, creyendo en los derechos "naturales" de educación para la familia y la Iglesia. Sin embargo, después de que el secularismo se impusiera en las escuelas durante la Segunda República, muchos estaban dispuestos a apoyar a la dictadura como instrumento para volver a la enseñanza de los valores tradicionales y la preservación de la unidad católica cultural, la moral y el derecho canónico. Los falangistas creían que podrían beneficiarse de esta unión con la Iglesia, ya que estaban dispuestos a "nacionalizar" el catolicismo con el fin de legitimar su poder político y económico en el Estado autoritario. Tanto católicos como falangistas rechazaron el "libre mercado" de las ideas que ellos creían que era responsable de la Guerra Civil de España y propusieron volver a un tipo de español de la "Edad de Oro" o a una "hispanización" de la cultura.[264] Así, en el centro de estas dos vertientes, comúnmente llamado Nacional Catolicismo franquista, se hallaba el objetivo común de revivir el pasado imperial para un propósito doble: para los católicos, el objetivo

---

[264] A partir de la década de 1920, se formó un movimiento de la derecha católica nacional para volver a las ideas imperialistas del siglo XVI, donde una comunidad espiritual de las naciones españolas iría a la cabeza de la unidad de España para volver a inculcar los valores tradicionales tales como la valentía, sinceridad, templanza, etc. Esto, dijeron, representaba el alma española y era una sociedad contrapuesta a lo moderno, a los principios "europeos" de la sociedad que se estaban infiltrando. Para un estudio adicional, consúltese Frederick B. Pike, hispanismo, 1898 - 1936: conservadores y liberales españoles y sus relaciones con la América española (Notre Dame, Indiana: Universidad de Notre Dame Press, 1971).

era crear un "humanismo totalitario español", mientras que la intención de los falangistas era mejorar la socialización política y la sindicalización del país. De esta manera, libros como *España Nuestra, Historia y Geografía de España,* y *la Historia del Imperio Español y de la Hispanidad* veneraban el pasado para inculcar en los estudiantes un sentido patriótico, de disciplina social y solidaridad nacional, así como una orientación monárquica e imperialista.[265]

---

[265] Boyd, 236, 253.

CAPÍTULO 5

METODOLOGÍA

El presente estudio examinó la lucha por el poder político entre el gobierno y la Iglesia en España durante el franquismo (1939 - 1975), ya que se llevó a cabo, en parte, dentro del sistema educativo. Para determinar el nivel de influencia los líderes y pensadores católicos y falangistas, ejercida en las escuelas durante este período, los Capítulos Dos y Cuatro investigaron las encíclicas y concordatos vaticanos de los años 1851, 1891, 1927, 1931, 1948 y 1950. El Capítulo Cuatro también analizó los datos de el Ministerio Español de Educación durante los años 1931, 1938 y 1940 y se examinaron los libros de texto españoles utilizados en estos años. Todos estos materiales primarios se evaluaron a continuación, utilizando los marcos de definición de destacados académicos en los campos de estudios fascistas y falangistas, tales como Stanley Payne, George L. Mosse y Eugene Weber, que proporcionaron un apoyo fiable para este aspecto de la investigación del estudio.

Estos análisis fueron triangulados con los resultados de una encuesta desarrollada para el presente estudio, que comparó las respuestas de los españoles que participaron en la educación en España durante el franquismo, con los que se matricularon después de 1975. Al explorar las propias evaluaciones de los españoles relativas a la educación en esta etapa, la presente encuesta proporciona un componente de investigación cualitativa única y valiosa para el estudio que nos ocupa. La construcción y el análisis de la encuesta se describen en la siguiente sección.

El empleo del método de diseño emergente de Glaser y Strauss clasifica la pertinencia de las preguntas de la encuesta; todos los elementos de investigación fueron luego ajustados para mejorar la fiabilidad de las conclusiones del presente estudio. Por último, algunas preguntas de investigación planteadas en el capítulo 1 no fueron sustentadas por los datos, debido a las correlaciones bajas o respuestas insuficientes a ciertos problemas, de los que también se informa en los resultados en el siguiente capítulo.

Diseño de la investigación

Entre el 21 de octubre de 2010 y 20 de enero 2011, cuarenta y cinco españoles participaron en una encuesta en línea diseñada para poner a prueba los marcos teóricos del presente estudio sobre el funcionalismo estructural, el nacionalismo y la teoría del efecto filtro al que se referían acerca de la interacción de la educación, la Iglesia Católica y el gobierno durante y después del franquismo. La mayoría de los encuestados vive en Madrid, Salamanca, Granada o comunidades de los alrededores de estas ciudades; una minoría reside en los Estados Unidos.[266]

Demografía

Las zonas de España señaladas anteriormente representan distintas regiones con poblaciones de diversos orígenes, educación y lenguas, teniendo en cuenta diversos habitantes de España. Esto le da a la encuesta más credibilidad ya que representa una gama más amplia de la población a diferencia de si los encuestados hubiesen sido de una sola ciudad o una sola comunidad autónoma. Antes del siglo XX, España fue predominantemente una nación agrícola con antecedentes de olas de migración que llevaron a las diversas culturas y religiones (incluyendo

---

[266] Se establecieron contactos a partir de octubre de 2010 con varias personas clave en Chicago, en enero de 2011 el siguiente contacto se hizo en Granada, seguido de Madrid y Salamanca; estos contactos promovieron posteriormente la encuesta a los participantes eventuales. Debido a las fechas en que se realizaron los contactos, el investigador está sumamente seguro de que sólo un máximo de cuatro encuestados actualmente viven en Estados Unidos, mientras que la mayoría (cuarenta y uno) vive en España.

el cristianismo, el islam y el judaísmo) a varias regiones del país. La escasez de industrialización y los centros urbanos de España dieron lugar a la falta de una fuerte identidad y siglos de conflicto nacional como el provincialismo continuó a lo largo de las regiones.[267] Aunque algunas ciudades de la España actual son metropolitana y altamente industrializadas, una enorme diversidad se mantiene dentro de la población española.[268] Madrid es la capital de España y la ciudad más grande (con una población de 3.275.049), y la segunda ciudad industrial más grande (después de Barcelona).

Tiene una ubicación céntrica en la comunidad autónoma también llamada Madrid, y es la sede de los establecimientos políticos y religiosos de España. De acuerdo con cifras oficiales compiladas por el gobierno español en 2007, aproximadamente el 8% de la población de dieciséis años en adelante era analfabeta. En comparación, Salamanca es una ciudad de tamaño medio con una población de 154.462, situada en el oeste de España, en la comunidad autónoma de Castilla y León. Debido en parte a la presencia de la Universidad de Salamanca, la más antigua institución de educación superior de España, esta ciudad goza de una reputación internacional como uno de los centros académicos más prestigiosos de Europa. Sin embargo, los datos del gobierno desde 2007 muestran que Salamanca también tiene una tasa de analfabetismo del 8% de los dieciséis años en adelante. Representando el sur de España: Granada, con una población de 154.462, y situada en la comunidad autónoma de Andalucía, que limita con el Mar Mediterráneo. La historia esta área incluye más de setecientos años de dominación musulmana, la más larga de cualquier otra región de España; también es una de las zonas menos industrializadas de España, con una economía basada principalmente en la agricultura y el

---

[267] William D. Phillips, Jr. and Carla Rahn Phillips, *A Concise History of Spain* (Cambridge: Cambridge University Press, 2010), i.
[268] El método de censo anterior de España se basaba en un ciclo de diez años, pero el 1 de mayo de 1996, los municipios comenzaron un sistema computerizado para registrar los residentes y actualizar el recuento de la población el 1 de enero de cada año. Todos los datos de esta sección pertenecen a la página web oficial del gobierno español, Instituto Nacional de Estadística, http://www.ine.es/jaxi/menu.do?type=pcaxis&path=%2Ft20/e260&file=inebase&L=1.

turismo.[269] En 2007 hubo más del 16% de analfabetismo, el doble de la tasa de Madrid y Salamanca. En ese mismo año, Granada tenía cerca de una tasa de desempleo de larga duración del 5%, la tasa más alta de toda la región de España

Diseño de la encuesta

Ciertas preguntas se incluyeron en la encuesta para recoger opiniones de los participantes relacionadas con los marcos conceptuales del presente estudio, mientras que el resto de las consultas fueron para efectos de la calificación de su nivel educativo, edad, religión (o asociación religiosa), el tipo de escuela asistió y la afiliación política. Además, la tercera pregunta: "¿En qué año tuvieron que asistir a la escuela?" fue utilizada como una variable independiente para clasificar a los encuestados que asistieron a la escuela durante el franquismo (1939 - 1975) de todos los demás.[270] ¿Cómo estas dos poblaciones respondieron a otras preguntas que representaban variables dependientes relacionadas con el funcionalismo estructural, el nacionalismo y la teoría del efecto filtro, fueron medidos por la prueba *t* de un estudiante, para hacer suposiciones más fiables acerca de la aplicabilidad de estos conceptos a la experiencia reportada por estos encuestados.

---

[269] Ibid., "Desempleo."

[270] Nadie eligió la primera respuesta, es decir, que asistieron a la escuela en su totalidad antes de 1936. Sólo una persona indicó que él / ella comenzó la escuela antes de 1936, pero terminó entre 1936 y 1975. Este encuestado se combinó con los dieciséis encuestados que únicamente asistieron a la escuela durante la época de Franco. Los que comenzaron a asistir a la escuela durante el franquismo (1975 o antes), pero terminaron su educación en los años siguientes (dieciséis encuestados) no fueron incluidos en el primer grupo, pero se combinaron con los diez restantes participantes que comenzaron y terminaron la escuela después de 1975.

Encuesta

Los participantes en este estudio tomaron la versión española de la siguiente encuesta en línea. (La versión en inglés que corresponde con los datos se encuentra en el apéndice y se llaman <<Survey Data>>).

1. Cuando usted era niño, ¿A cuántos kilómetros de su casa había una gran ciudad?

   1. 1 - 15
   2. 16 - 30
   3. 31 - 50
   4. 51 o más

2. ¿A qué tipos de escuelas ha asistido en España?

   1. Pública
   2. Católica
   3. Una combinación de 1 y 2
   4. Otro tipo

3. ¿ En qué años asististe a la escuela?

   1. Antes de 1936
   2. Entre 1936 y 1975
   3. Después de 1975
   4. Una combinación de 1 y 2
   5. Una combinación de 2 y 3

4. Los cursos de estudio en su escuela, eran similares u opuestos a las enseñanzas religiosas de sus padres?

   1. Totalmente similares
   2. Más o menos similares
   3. Más o menos en contra
   4. Totalmente contrarios

5. ¿Le enseñaron los principios de la religión católica en la escuela?

    1. Sí, siempre
    2. Sí, a veces
    3. Casi nunca
    4. No, nunca

6. Políticamente, ¿Eran sus padres, hermanos, tías / tíos, primos o abuelos...?

    1. conservador
    2. Algo conservador
    3. Moderado
    4. Algo liberal
    5. Liberal

7. ¿Qué nivel de educación tienen / tenían sus padres, hermanos, tías / tíos, primos o abuelos?

    1. La mayoría se graduó de una universidad.
    2. La mayoría asistió a una universidad, pero algunos no se graduaron
    3. La mayoría sólo terminó la escuela secundaria.
    4. La mayoría sólo terminó la escuela primaria.
    5. La mayoría no terminó la escuela primaria.

8. ¿Alguno de sus padres, hermanos, primos o abuelos lucharon durante la Guerra Civil?

    1. Sí
    2. No

9. Si ha contestado "sí" a la pregunta anterior, contra quienes tuvieron que luchar?

    1. contra los nacionalistas

2. contra los republicanos
3. No se aplica

10. ¿Tiene miembros de la familia que son (eran) sacerdotes o miembros del clero?

    1. Sí
    2. No

11. ¿Sabías si algún familiar o amigo murió en la Guerra Civil?

    1. Sí
    2. No

12. ¿Hubo alguna identidad española enseñada en su escuela, es decir, era la que enseñaba que los españoles debían tener una cultura nacional y características similares?

    1. No, nunca
    2. Sí, un poco
    3. Sí, de vez en cuando
    4. Sí, mucho

13. ¿Cree que los libros de texto utilizados en la escuela durante la Guerra Civil establecieron la base de la ideología y la religiosidad de la sociedad española?

    1. Sí, sólo políticamente
    2. Sí, sólo religiosamente
    3. Sí, absolutamente
    4. No, en absoluto

14. ¿Han cambiado sus ideas o creencias de la familia en relación con el gobierno debido a la enseñanza que le dieron en la escuela?

    1. Sí, y me convertí en un fuerte defensor del gobierno
    2. Sí, pero yo no creo todo lo que me enseñaron.

3. No, porque mi familia estaba siempre en acuerdo con el gobierno

4. No. Yo no creía lo que me enseñaron porque estaba en contra de lo que aprendí en casa.

15. ¿No te enseñaron en la escuela que existía una unión entre "ser español" y "Ser católico"?

1. Sí, todo el tiempo
2. Sí, de vez en cuando
3. Sólo en la clase de religión
4. No, nunca

16. ¿Pudo expresar sus ideas o creencias políticas en la escuela, incluso si fueran en oposición a las del gobierno español?

1. Sí, todo el tiempo.
2. Sí, a veces
3. No, yo tenía miedo
4. No, porque yo estaba de acuerdo con las enseñanzas de la escuela

El funcionalismo estructural

Usando la Pregunta 3, "¿En qué año asististe a la escuela?" como una variable independiente para separar a los encuestados que asistieron a la escuela exclusivamente durante el régimen de Franco de todos los demás, y la Pregunta 14, "¿Han cambiado sus ideas o creencias de la familia con respecto al gobierno debido a la enseñanza que le dieron en la escuela? "como la variable dependiente, se realizó una prueba *t* para determinar si había una diferencia significativa en la educación bajo el gobierno de Franco y la monarquía constitucional que le siguió. Dicha cuestión pretendía determinar en qué medida cualquier órgano político intentó un tipo de socialización política utilizando la escuela como un agente de cambio en el concepto más amplio del funcionalismo estructural. Las respuestas indicarían si el Estado, a través de la escuela, tuvo éxito en anular el sistema de creencias de la familia. Además, las respuestas a la Pregunta 13, "¿Usted cree que los libros de texto utilizados en la escuela durante la Guerra Civil establecieron las bases de la ideología y la religiosidad de la sociedad española?" De los mismos grupos que anteriormente también fueron comparados para ver si, siguiendo a Almond et al., los libros de texto fueron utilizados como vehículo para transmitir unos valores y creencias en competencia con otros agentes, tales como las familias y las comunidades. Como se indica en el capítulo 3, ya que la tradición de la Iglesia estaba fuertemente arraigada en la sociedad, la socialización política generada por los representantes y las agencias gubernamentales fueron menos eficaces que la Iglesia, dado que la tradición de la Iglesia se hallaba fuertemente arraigada en la sociedad. Sin embargo, los libros de texto analizados para el presente estudio que se utilizaron durante el régimen de Franco, demostraron claramente la promoción de una conexión entre el destino de España y el catolicismo, y al hacerlo, parecen utilizarse como vehículo para fines políticos. Los valores tradicionales institucionalizados del "Nuevo Estado" de Franco, se convirtieron en parte del currículo de la escuela. Los libros de texto analizados en el capítulo 4, *España Nuestra* y la *Enciclopedia Álvarez*, revelaron un fuerte vínculo entre el nacionalismo y el catolicismo; *El muchacho español* enseñó un nacionalismo secular.

El Nacionalismo

Del mismo modo, las respuestas de los encuestados se agruparon como anteriormente se mencionaba, mediante la Pregunta 3 (variable independiente), a la pregunta Doce (variable dependiente) ", Había una identidad española que se enseñaba en la escuela, es decir, ¿Se enseñaba que los españoles debían tener una cultura nacional y similares características?". Esta cuestión sondeaba la medida en que el nacionalismo se enseñaba en las escuelas, y los resultados fueron comparados con más respuestas a la pregunta Quince, "¿Ellos enseñaban en la escuela que había un vínculo entre el "ser español" y "ser católico"?" para examinar si el nacionalismo estaba vinculado al catolicismo con el fin de promover un tipo de fascismo español llamado falangismo.

Teoría del efecto filtro

Tanto la Pregunta 1: "Cuando usted era niño, ¿A cuántos kilómetros de su casa había una gran ciudad?" Y la pregunta 7, "¿Qué nivel de educación tienen tus padres, hermanos, tías / tíos, primos o abuelos?", eran variables independientes en dos pruebas *t* independientes. Cada pregunta se sopesó contra la pregunta 14 (variable dependiente), "¿Han cambiado sus ideas o creencias de la familia en relación con el gobierno debido a la enseñanza que le dieron en la escuela?". De esta manera, los conflictos de las teorías de las diferencias de clase y la teoría del efecto filtro de Epstein, se podría comparar para ver si los datos apoyarían uno u otro modelo.

Diseño resultante y Validez

Según Strauss et al., dado que los procedimientos y técnicas son herramientas, no directrices, el proceso de investigación debe poseer flexibilidad y estar guiado por la profundidad.[271] Por estas razones, las interacciones de los resultados de la encuesta con los otros enfoques metodológicos (por ejemplo, el análisis de material de archivo y los libros de texto) aportaron más "rigor" a la investigación y el análisis dio más credibilidad. Si los mismos resultados se reprodujeron en más de un instrumento, es más probable que los resultados pudieran ser considerados como válidos.

Medidas estadísticas

La interpretación de los datos de los encuestados utilizó la prueba *t* de Estudiante, una de las pruebas significativas más utilizadas en pequeñas muestras de población.[272] Una prueba *t* es una ecuación estadística paramétrica que compara las medias de dos grupos, el grupo de variantes

---

[271] Barney Strauss, Anselm Strauss, and Juliet Corbin, *Basics of Qualitative Research: Techniques and Procedures for Developing Grounded Theory,* (Thousand Oaks, CA: Sage Publications, 1998), 12.

[272] T.R. Jain, S. C. Aggarwal, R. K. Rana, *Basic Statistics for Economists* (Delhi: Neekunj Print Process, 2010), 86.

y el tamaño de la muestra mediante una fórmula que genera el valor de *t* (o estadística *t*), un número que se utiliza para establecer un nivel de importancia con vistas a apoyar o rechazar la hipótesis nula de que las medias poblacionales son iguales.[273] Las respuestas de los encuestados en este estudio fueron convertidas a la escala de Likert, que mide el nivel de acuerdo con una afirmación. Los sujetos eligieron la respuesta que reflejaba mejor sus sentimientos y creencias; sus respuestas fueron clasificadas progresivamente de acuerdo con un criterio específico.

Alfa (α), el nivel de significación, se fijó en 0,05 para tener en cuenta la variación oportunidad o la cantidad de variación esperada en las diferencias resultantes del muestreo. Entonces, el tamaño del efecto se calculó sobre las dos hipótesis en la que la hipótesis nula fue rechazada para determinar si la diferencia fue estadísticamente significativa. El tamaño del efecto es una medida de la diferencia de medias entre dos grupos, dividida por la desviación estándar. Esta estadística indica cuán grande es el efecto o la diferencia es sin tener en cuenta el tamaño de la muestra y en base a la escala del tamaño del efecto de Cohen, los resultados se pueden calcular como una forma de juzgar el resultado de la muestra.[274]

Limitaciones

Aunque no se les requirió, dos participantes ofrecieron voluntariamente información adicional por escrito que se incluyó como parte de los datos. Sus comentarios se incluyen con los demás resultados de la encuesta, junto con un análisis del material de archivo y los libros de texto en el capítulo 6. Estas observaciones indican que una encuesta en línea sólo puede proporcionar la información que es estrictamente una respuesta a preguntas muy particulares, debido a la naturaleza del medio. Del mismo

---

[273] James H. McMillan, *Educational Research, Fundamentals for the Consumer* (New York: Addison, Wesley, Longman, Inc., 2000), 241.

[274] La medida del efecto de Cohen es relativo, dependiendo del tipo de investigación que se realice; pero en general, un tamaño de 0,2 a 0,3 es un efecto "pequeño", alrededor de 0,5 sería considerado "medio", y del 0,8 hasta infinito, un efecto "grande". Vease David Sheskin, *Handbook of Parameters and Non-parametrical Statistical Procedures* (London: Chapman and Hall/CRC, 2004), 1059.

modo, el número relativamente pequeño de libros de texto de la época de Franco que estaban disponibles para ser revisados, obstaculizaron la amplitud de las fuentes curriculares que de otro modo podrían haber sido incluidas en el presente estudio.

CAPÍTULO 6

RESULTADOS

Capítulo 4 explora la rivalidad entre la Iglesia y los falangistas por el control de la educación mediante el examen de los documentos del Ministerio de Educación y la política de la iglesia, y concretamente de los libros de texto con fechas que van de 1938 a 1970. El examen de estos materiales usando la lupa analítica de los marcos conceptuales del presente estudio, el funcionalismo estructural (incluida la socialización política), el nacionalismo y la teoría del efecto-filtro, enmarca los elementos iniciales para la triangulación de las fuentes. Capítulo Cinco describe la metodología utilizada para la construcción de una encuesta a los españoles de la actualidad, al objeto de investigar la comprensión de los participantes sobre su educación durante y después de la época franquista (1939 - 1975). La encuesta presenta la forma de un cuestionario diseñado para contextualizar respuestas de los participantes dentro de los marcos teóricos del estudio actual y el Capítulo Cinco analiza el desarrollo de esta herramienta de investigación que fue cotejada con los análisis de la archivística y materiales históricos. El ajuste de estos enfoques de investigación aumentó la validez y fiabilidad de los resultados. El presente capítulo muestra los resultados de la prueba t del Estudiante sobre las respuestas de la encuesta, los comentarios de los participantes y el análisis de estos resultados a través de la óptica de los marcos conceptuales elegidos para el estudio presente.

Datos de la encuesta[275]

A continuación se muestran los resultados de las preguntas que pretenden definir las características culturales y demográficas de los cuarenta y cinco españoles, principalmente de Salamanca, Madrid y Granada, quienes respondieron a la encuesta en línea (véase el capítulo 5) entre el 21 de octubre de 2010 y el 14 de enero de 2011[276]:

Treinta y siete participantes indicaron que habían vivido entre uno y quince kilómetros de una gran ciudad en su infancia, revelando un elemento común. La pregunta 8 también mostró que una mayoría de los participantes (treinta y cuatro) tenía un pariente que luchó en la Guerra Civil española, con diecinueve años de lucha por los nacionalistas y once en el lado de los republicanos. Sin embargo, sólo doce personas dijeron que tenían un familiar o amigo que murió durante la Guerra Civil. (En algunos casos, esta pregunta no era aplicable, por lo que no fue contestada.) Pero las respuestas a las otras preguntas se dividieron de manera más uniforme. Por ejemplo, diecinueve participantes dijeron que asistieron a las escuelas católicas, con el resto del público asistente, otro tipo, o una combinación de ambos. Las edades de los participantes también fueron distribuidas de manera uniforme desde el participante más antiguo que empezó la escuela antes del régimen de Franco, 17 de ellos asistieron a la escuela solamente durante la etapa dictatorial, pero terminaron después de 1975, y otros 17 que empezaron a asistir a la escuela después de la muerte de Franco. 15 dijeron que la consideraban políticamente conservadora o semi-conservadora, 18 eran moderados y el resto de ellos eran o algo liberales o liberales. Sólo 17 fueron a la escuela primaria (con algunos que no la acabaron), 9 asistían a la escuela secundaria, y el resto (diecinueve participantes) asistieron a una universidad en alguna disciplina.

La información de las preguntas restantes fue contrastada con algunos de los elementos de archivo y los libros de texto para contestar a las preguntas originalmente planteadas al inicio del presente trabajo de investigación.

---

[275] Los datos brutos de la encuesta se encuentran en el apéndice final de este estudio .
[276] Cabe señalar que todos los encuestados parecen ser de regiones de habla castellana en España.

Resultados de la Encuesta

<u>Pregunta de investigación 1</u>: ¿Acaso las escuelas durante la época franquista enseñaban que los españoles debían tener una identidad nacional católica española y una cultura nacional, con más énfasis que las escuelas después de la muerte de Franco en 1975?

<u>Constructos</u>: El Funcionalismo y Nacionalismo estructural- Almond y otros, propusieron que las estructuras de una sociedad, como escuelas e iglesias, podían formular sus funciones para apoyarse mutuamente con el fin de lograr resultados beneficiosos para ambos grupos. Franco trató de construir fuertes lazos con la Iglesia Católica dado que el gobierno asumió la autoridad regional desde las instituciones españolas, como las escuelas locales. La Iglesia, por su parte, apoyó esta fianza, aduciendo la falta de nacionalismo en las "Escuelas Nuevas" de la época republicana. (Consúltese el Capítulo 3)

<u>Hipótesis nula</u>: No hay ninguna diferencia entre las dos muestras, Grupo Uno y Grupo Dos.

<u>Diseño</u>: Con el fin de probar las construcciones del funcionalismo estructural y el nacionalismo, se realizaron dos comparaciones separadas. La primera comparación "A" prueba si las escuelas del franquismo destacaron una identidad nacional y cultural más clara de lo que lo hicieron las escuelas en la etapa posterior. La segunda comparación "B" tiene por objeto determinar si esta identidad y la cultura estaba vinculada a la Iglesia Católica.

Variable independiente "A" – Pregunta 3: "¿En qué años asististe a la escuela?"

Variable dependiente "A" - Pregunta 12: "¿Se enseñó en tu escuela una identidad, es decir, ¿Se enseñó que los españoles debían tener una cultura nacional y características similares?"

<u>Diseño</u>: Como nadie eligió la primera réplica a la pregunta tres, "Antes de 1936" y sólo una persona indicó "una combinación de antes de 1936 y

entre 1936 y 1975", estas respuestas del entrevistado se combinaron con las de los dieciséis participantes que indicaron que asistieron a la escuela sólo durante la época de Franco. Aquellos que comenzaron la escuela durante el régimen franquista, pero no terminaron su educación después de su muerte, se fusionaron con el grupo final - los que sólo asistieron a la escuela después de 1975 Esto fue hecho por tres razones: en primer lugar, ya que era imposible saber las fechas exactas, no se pudo determinar qué porcentaje de los encuestados fueron a la escuela antes y después de que el régimen de Franco. A continuación, con el fin de mantener el primer grupo como "puro" en lo posible (es decir, aquellos que sólo asistieron a la escuela durante la época de Franco), los encuestados que frecuentaban la escuela, tanto durante como después de Franco se mantuvieron separados; por último, se incluyó el grupo que comenzó la escuela durante el régimen dictatorial (pero que terminó después) y el último (y por lo tanto más joven) grupo de encuestados, realizándose las pruebas a cada uno de los dos grupos generacionalmente cercanos, por lo que una gran disparidad en la edad no podría sesgar los resultados . Las réplicas a la pregunta Doce fueron dispuestas de la siguiente manera en la escala de Likert: "1" indican "No, nunca", "2 -" Sí, un poco "," 3 "-" Sí, a veces "y" 4 "-" Sí, mucho ".

Resultados estadísticos

Tabla 4. t-Test (Prueba *t* de Student): Dos muestras que suponen variaciones similares

	Variable 1	Variable 2
Media	3.625	2.24
Variación	0.516666667	1.273333
Observaciones	16	25
Variaciones combinadas	0.982307692	
Diferencia hipotética de medias	0	
Df[277]	39	
T stat[278]	4.364797182	
P(T<=t) bilateral[279]	9.06574E-05	
Valores críticos de T bilaterales (de dos colas)	2.022690901	

Después de aplicar la prueba t de Student de dos colas con la hipótesis nula, la hipótesis nula fue rechazada con la probabilidad de un error tipo uno menos del uno por ciento.

El tamaño del efecto:
$$d = \frac{\bar{x}_1 - \bar{x}_2}{s},$$

Restando las dos medias (3,625 a 2,24) da el resultado de 1.385, dividido por *s*, la raíz cuadrada de la variación combinada (0,982307692)

---

[277] Df se refiere a los grados de libertad. En estadística, el número de grados de libertad es el número de valores en el cálculo final de una estadística que son libres para variar. El número de piezas independientes de información que van en la estimación de un parámetro se denomina los grados de libertad.

[278] T-stat es el valor calculado en la expresión P(T<=t), que trata de determinar si T-stat es menor que t-crit.

[279] 3 P (T <= t) es la probabilidad de que la muestra bajo la prueba T sea inferior a un cierto valor crítico predeterminado, t, por lo tanto, se puede rechazar la hipótesis nula y asumir que la probabilidad de cometer un error de tipo I es menor que el valor crítico t.

es igual a 1,46399. Según los criterios de Cohen para medir la significación de la diferencia de medias estandarizada, el tamaño del efecto *d* en este estudio indica que es altamente seguro que los dos grupos son de diferentes poblaciones. Además, el coeficiente de correlación, *r*, la medida de la fuerza de la relación entre las dos variables, es 0,59066, lo que también sugiere una dimensión del efecto significativamente mayor.[280]

Conclusión: Los que asistieron a la escuela antes de 1975 creían que en sus escuelas se enseñaba que los españoles debían tener una cultura nacional y de similares características más que los que recibieron la mayor parte de su educación después de 1975.

La variable independiente "B" - Tercera pregunta: "¿En qué año hizo usted a la escuela?" (Igual que la anterior.) Variable dependiente "B" - Pregunta Quince: "¿Acaso se enseñaba en su escuela que había un vínculo entre "ser español" y "ser católico?"

Las réplicas para la Pregunta Quince también fueron colocadas en la escala de Likert con "1" que representa, "Sí, todo el tiempo", "2" - "Sí - a veces", "3" - "Sólo en la clase de religión" y "4" - "No, nunca".

Resultados estadísticos:

Tabla 5. t-Test: Dos muestras que suponen variaciones similares

	Variable 1	Variable 2
Media	1.9375	2.96
Variación	1.395833333	1.23333333
Observaciones	16	25
Variaciones combinadas	1.228141026	
Diferencia hipotética de medias	0	
Df	39	
T stat	-2.8818891[281]	
P(T<=t) bilateral (de dos colas)	0.006396727	
Valores críticos de T bilateral	2.022690901	

---

[280] R. Rosenthal and R.L. Rosnow, *Essentials of Behavioral Research: Methods and Data Analysis* (New York: McGraw-Hill, 1984), 361.

[281] Un número negativo sólo indica el orden en que los dos grupos se compararon y se considera estadísticamente igual a un número positivo.

Después de aplicar la prueba t de Student bilateral (de dos colas) con la hipótesis nula (es decir, no hay ninguna diferencia entre las dos poblaciones de Grupo Uno y Grupo Dos), la hipótesis nula fue rechazada con la probabilidad de un error tipo uno menos del uno por ciento.

El Grupo Uno tenía una respuesta media de 1.9375, con dieciséis respuestas y el Grupo Dos tuvo una respuesta media de 2,96, con veinticinco respuestas.

El tamaño del efecto:
$$d = \frac{\bar{x}_1 - \bar{x}_2}{s},$$

Restando las dos medias (2,96 a 1,9375) da como resultado 1.0225, y dividido por s, que es la raíz cuadrada de la variación agrupada (1,1082152) es igual a 0.922655. Según los criterios de Cohen para medir la significación de la diferencia de medias estandarizada, hay una certeza grande de que los dos grupos son de diferentes poblaciones. Por otra parte, el coeficiente de correlación, r, es 0,4169, lo cual significa un efecto de alcance de "medio a grande", que a su vez, de acuerdo con los puntos de referencia de Cohen, indica estadísticamente la medida de la fuerza de la relación entre las dos variables.[282]

Conclusión: Los que asistieron a la escuela durante el franquismo creían que se les enseñó que había un vínculo entre ser español y ser católico, más que los que en su mayoría asistieron a la escuela después de la muerte de Franco en 1975.

Los resultados de las dos comparaciones anteriores recogidos de la encuesta y triangulados con la investigación de los materiales y libros históricos y de archivo, ofrece una respuesta a una de las preguntas de investigación del presente estudio, es decir, durante el régimen de Franco, no parece haber existido una colaboración entre la Iglesia Católica y el gobierno de Franco para inculcar en los niños una identidad española vinculada al catolicismo a través del sistema educativo.

---

[282] R. Rosenthal and R.L. Rosnow, *Essentials of Behavioral Research: Methods and Data Analysis* (New York: McGraw-Hill, 1984), 361.

<u>Pregunta de investigación Dos</u>: ¿Se inculcaban a los niños en las escuelas durante el franquismo esos valores, incluso si eran contrarios a los enseñados en el hogar?

<u>Constructo</u>: La socialización política explica la lealtad de una cultura a un sistema particular de creencias; ello se produce cuando las culturas pasan por sus valores y creencias a las generaciones sucesivas a través de las instituciones (o estructuras), como las familias, escuelas, comunidades, iglesias, grupos de interés, partidos políticos, poderes gubernamentales y los medios de comunicación. Además, de acuerdo con Almond et al., La mayoría de las personas adquieren sus valores políticos fundamentales y patrones de comportamiento en el momento en que llegan a la adolescencia, con la familia y la escuela como las dos instituciones más importantes de la socialización del niño (Ver Capítulo 3).

<u>Diseño</u>: Pregunta Tres (años de escuela que se atendieron - ver arriba) se volvió a utilizar como variable independiente, mientras que la variable dependiente fue la pregunta Catorce, "¿Han cambiado sus ideas o creencias de la familia en relación con el gobierno debido a la enseñanza que a usted se le daba en la escuela? "las respuestas a la pregunta 14 se colocaron en una escala Likert que van desde "1", que representa "Sí, y me hicieron un fuerte defensor del gobierno", la "2" fue " Sí, pero no me creí todo lo que me enseñaron ", la pregunta "3", "no, porque mi familia siempre estaba de acuerdo con el gobierno" y la "4" en representación de "no, yo no creía lo que me enseñaron porque era contrario a lo que aprendí en casa". Nadie eligió la primera opción. Quince participantes eligieron la segunda, once la tercera, y 13 la cuarta.

<u>Resultados estadísticos</u>:

Tabla 6. t-Test: Dos muestras que suponen variaciones similares

	Variable 1	*Variable 2*
Media	2.882353941	3
Variación	0.735294118	0.761905
Observaciones	17	22

Variaciones combinadas	0.750397456	
Diferencia hipotética de medias	0	
Df	37	
T stat (parámetro estadístico)	0.420570586	
P(T<=t) bilateral (de dos colas)	0.6765011418	
Valores críticos de T bilateral	2.026192447	

Los resultados muestran que el Grupo Uno tenía una respuesta media de 2.88 mientras el Grupo Dos obtuvo un 3,0. Había diecisiete respuestas en el Grupo Uno y veintidós respuestas en el Grupo Dos. La Prueba *t* de Student (de dos colas o Bilateral) se aplicó con el supuesto de la hipótesis nula, es decir, que los dos grupos pertenecían a la misma población.

Conclusión: Dado que el *t* Stat (0,42) fue menor que el t crítico dos colas (2.016), la hipótesis nula no puede ser rechazada, por lo tanto, no se puede decir que las escuelas cambiaron el sistema de creencias de la familia de los estudiantes, ya sea durante la época de Franco o después de ella. Esta conclusión estadística no contradice los hallazgos de Almond et al., dado que la socialización política puede tener lugar en una variedad de estructuras, que incluyen la casa y la escuela. Sin embargo, esto no confirma la investigación de M. Kent Jennings et al., con la excepción de algunos casos de rebelión, la mayoría de los niños que entran a la escuela en la edad adulta y que adoptan los mismos puntos de vista políticos que sus padres (Ver Capítulo 3).

Pregunta de Investigación 3: ¿Durante el franquismo fueron suprimidas las opiniones políticas de los estudiantes si eran contrarias a las del gobierno?

Constructo: El gobierno falangista utilizó un tipo de restricción ideológica para influir en las actitudes, creencias y valores de la juventud española en las escuelas (Véase el Capítulo Cuatro). En esta comparación, la Tercera Pregunta fue una vez más la fuente de la variable independiente, mientras que la variable dependiente fue la pregunta 16, "¿Fuiste capaz de expresar tus ideas o creencias políticas en la escuela, incluso si se oponían a las del gobierno español?" Las réplicas a esta pregunta fueron colocadas en la escala de Likert con "1", que representa la respuesta, "Sí, todo el tiempo",

"2", fue "Sí, a veces", "3", fue "Sólo en la clase de religión", y la "4 "" No, nunca ". Los resultados se distribuyeron de una manera bastante uniforme, con ocho participantes en la elección de "1", y diez que eligieron "2" "3" y "4".

Resultados estadísticos:

Tabla 7. *t*-Test: Dos muestras que suponen variaciones similares

	Variable 1	Variable 2
Media	3.133333333	2.208333
Variación	0.695238095	1.21558
Observaciones	15	24
Variaciones combinadas	1.018693694	
Diferencia hipotética de medias	0	
Df	37	
T stat (parámetro estadístico)	2.784446455	
P(T<=t) bilateral (de dos colas)	0.00840043	
Valores críticos de T bilateral	2.026192447	

Los resultados muestran que el Grupo Uno tenía una media de 3,13 y la media del Grupo Dos fue 2,21. Hubo 15 respuestas en el Grupo Uno y 24 respuestas en el Grupo Dos. La aplicación de la prueba *t* de Student bilateral (de dos colas) con la hipótesis nula de que los dos grupos pertenecían a la misma población, la hipótesis nula fue rechazada con la probabilidad de un error Tipo Uno de menos de 1%. La diferencia de la media estandarizada fue de 3,13 (media de 1) - 2,21 (media de 2) = .925, dividido por la raíz cuadrada de la variación agrupada, 1,018693694, o 1,0093035, es igual a 0,9164449, lo cual es significativo e indica que las dos poblaciones resultan ser grupos diferentes. Además, el efecto de Cohen es 0,45053, lo que indica una fuerza de correlación de medio a gran tamaño.

Conclusión: Los que asistieron a la escuela durante o antes del año 1975 creían más que los estudiantes post franquistas no eran capaces de expresar o estaban limitados para expresar sus ideas o creencias políticas en la escuela, si esas ideas o creencias se oponían al gobierno. Esta conclusión corrobora el marco conceptual propuesto por Almond et al., que establece que un gobierno (sistema político) a través del uso de las escuelas e iglesias (estructuras) hace cumplir el patriotismo, el militarismo, la religión y el civismo, si se afirma que esto es necesario para defenderse de sus enemigos. Por lo tanto, Franco construyó un gobierno unificado mediante el uso de las escuelas y la Iglesia con el objetivo de hacer cumplir sus políticas fascistas (funciones) (Véase el Capítulo 3).

Otras hipótesis

Se probaron algunas otras hipótesis, pero no han podido ser respaldadas por los datos debido a la baja correlación u observaciones insuficientes. Por ejemplo, la Pregunta Uno: "Cuando usted era niño, ¿A cuántos kilómetros de su casa había una gran ciudad?" Se incluyó en la encuesta para poner a prueba la teoría del efecto filtro de Epstein, es decir, los escolares que viven más lejos de un centro cultural son influenciados por la promoción del nacionalismo a niveles más altos que los que viven cerca de una zona con una gran población. Dado que sólo los ocho encuestados indicaron que vivían a más de quince kilómetros de distancia de una gran ciudad, el tamaño de la muestra era demasiado pequeño para ser estadísticamente significativa. A pesar de ello, se realizó una prueba t de comparación de la Primera pregunta con la pregunta 14, "¿Han cambiado sus ideas o creencias familiares respecto al gobierno debido a la enseñanza que le dieron en la escuela?". Pero como se predijo, no se alcanzaron unos resultados definitivos:

Tabla 8.

	Variable 1	*Variable 2*
Media	2.903225806	3.125
Variación	0.756989247	0.696429
Observaciones	37	8
Variaciones combinadas	0.745531822	
Diferencia hipotética de medias	0	
Df	37	
T stat (parámetro estadístico)	-0647696355	
P(T<=t) bilateral (de dos colas)	0.521180347	
Valores críticos de T bilateral	2.026192447	

El *t* Stat (0.647696355) es menor que el t crítico de dos colas (2,026192447) y por lo tanto la hipótesis nula no puede ser rechazada. Sin embargo, cuando se evaluó con los resultados de la pregunta 2, que concluyó que no se podía probar estadísticamente con la presente encuesta que los estudiantes cambiaron su sistema de creencias familiares, debido a la enseñanza en sus escuelas, lo cual puede implicar que la presencia de un centro cultural situado cerca la inmensa mayoría de los hogares de los entrevistados puede haber servido para disminuir el impacto de la instrucción escolar, en relación con los estudiantes que vivían más lejos de una gran ciudad (Véase el Capítulo 1)

La segunda pregunta "¿A qué tipos de escuelas asistió usted en España?", se incluyó en el cuestionario para probar la diferencia, si la hubiera, entre las experiencias referidas por los que asistieron a las escuelas católicas frente a todos los demás (por ejemplo, las escuelas laicas, públicas o privadas). Sin embargo, en las relaciones entre la variable independiente derivada de esta pregunta y todas las demás combinaciones posibles con las variables dependientes, la hipótesis nula no podía ser rechazada. Por lo tanto, la diferencia en la experiencia de los que asistieron a la escuela católica en España en comparación con aquellos que asistieron a escuelas públicas o de otro tipo no se podía discernir de las respuestas de los participantes. Esto se mantuvo en ambos grupos - los que asistieron a la escuela en o antes del año 1975 y los que recibieron la mayor parte de su escolaridad en su mayoría después de 1975.

Comentarios adicionales

Dos participantes enviaron comentarios que ofrecieron una visión respecto a la investigación para el presente estudio. Abordando la Pregunta 6, "Políticamente hablando, sus padres, hermanos, tías, tíos, primos o abuelos eran. . .? "Con las posibles respuestas de conservador liberal, uno de los encuestados dijo que las opciones eran confusas debido a que las posibilidades (conservadores, un tanto conservadores, moderados, algo liberales, y liberales) no reflejaba la clasificación política adecuada de las personas durante el régimen de Franco.

> En España las derechas son liberal/conservadoras y normalmente moderadas, aunque hay de todo (en la época de Franco había conservadores moderados y conservadores extremistas, claro). Lógicamente en la época de Franco las derechas sólo eran conservadoras y no liberales, pero para especificar a las izquierdas hay que hablar de socialismo/ socialdemocracia/republicanos/ progresistas (bueno, en la época de Franco tampoco el socialismo era tampoco el socialismo, era socialdemócrata, al menos en España no . . .).

Al parecer, la supresión de los republicanos y todo tipo de izquierdistas era muy completo, por lo menos, en el recuerdo de este informante. Es interesante notar que la perspectiva de este español en la ausencia del liberalismo y la socialdemocracia en España hasta después de la época de Franco, apoya la premisa del historiador Gregory Luebbert de que ambas fuerzas no pudieron ejercer influencia alguna en Alemania, España o Italia en la década de 1920. Aunque esta postura con respecto a Alemania es cuestionada por otros estudiosos, Luebbert afirma que esta ausencia precipitó el nacionalismo y el fascismo que siguió en la década siguiente. Dado que España carecía de la fuerte clase media que estaba presente en países como Gran Bretaña, los liberales y los socialdemócratas tuvieron éxito en el establecimiento de instituciones democráticas, a pesar de que estos movimientos eran mucho más fuertes entre las dos guerras mundiales que el fascismo o el nacionalismo. Así, según Luebbert, como los liberales o socialistas no podían consolidar con eficacia los intereses de las clases trabajadoras con las comunidades rurales de España (que era una sociedad predominantemente agrícola en la década de 1920), la democracia que los republicanos trataron de instaurar falló en su intento.[283] Por otra parte, ya que una de las características de un partido socialdemócrata es su cooperación con los sindicatos, la debilidad de esta fuerza en España a principios del siglo XX abrió una puerta para que los movimientos nacionalistas y fascistas sometieran a otros grupos políticos.

Un segundo participante señaló que la pregunta 16, que decía «¿Fuiste capaz de expresar tus ideas o creencias políticas en la escuela a pesar de oponerse a las del gobierno español?" presentaba opciones insuficientes. Comentó:

> . . . las opciones son que, ya sea que podían hacerlo (siempre o algunas veces), o no podían hacerlo, y en ese caso sólo podría ser por el miedo o porque estaba de acuerdo con esas ideas. En mi caso (yo fui a la escuela entre 1966 y 1982), y en la mayoría de las personas que conozco, que no podía ser (respondió) porque no había otra opción; que no está de acuerdo, pero tampoco estaba allí una necesidad de estar en contra de una forma revolucionaria. No era miedo, y ni la complacencia: simplemente no era necesario.

Luego pasó a explicar:

> . . . en realidad, la situación general era de relativa normalidad: la Iglesia y la conciencia nacional estaban tan instauradas en la vida diaria que la mayoría lo considerábamos parte del juego. Podías ser más o menos religioso, más o menos conservador, pero, seguías las

---

[283] Gregory M. Luebbert, *Liberalism, Fascism, or Social Democracy* (New York: Oxford University Press, 1991), 284.

rutinas del resto. La mayor parte de la gente iba a misa como algo habitual, como quien va a comprar el pan o va al trabajo, sin tomárselo demasiado en serio. Creo que no se puede dividir a la sociedad española entre los que estaban totalmente de acuerdo con el franquismo y los que se oponían radicalmente al régimen. En medio de esos dos extremos estaba una amplia mayoría.

Desde la perspectiva de este entrevistado, había una aparente conciencia nacional española conectada con la Iglesia que impregnó España durante el franquismo. Como los archivos políticos revelaron, uno de los objetivos del gobierno falangista era controlar los pensamientos de las personas para generar un acuerdo con la plataforma del partido del nacionalismo. Cotejando esto con la teoría de la socialización política de Almond et al., se puede ver cómo el gobierno y la Iglesia eran estructuras en la aculturación.

Esta descripción de la vida en la España de Franco es similar a la de los ejemplos de Chehabi y de Keshararzian sobre Irán en la actualidad (Ver Capítulo 3). Ambos países trabajaron para transmitir los valores políticos y las normas a través de una alianza con un sistema religioso organizado, pero otras fuerzas tales como las prácticas familiares, barrios y grupos sociales han socavado, en parte, los esfuerzos de cada gobierno. En un estudio de 1992, coordinado por la Universidad Complutense de Madrid en San Lorenzo de El Escorial, uno de los hallazgos informó que, en un principio, en lugar de desarrollar sus propias políticas educativas, el régimen de Franco restauró la tradición pedagógica de la Iglesia católica en las escuelas. Según este estudio, la diferencia entre el franquismo y otros estados totalitarios (palabras del autor) fue que en España, el gobierno nunca ejerció el monopolio de las escuelas primarias y secundarias. En su lugar, dejó que la Iglesia tuviera un considerable poder e influencia que se prolongó hasta la década de 1960, momento en el cual el Estado comenzó a reemplazar la enseñanza existente con sus propios programas. Esta medida no fue tomada por razones políticas o ideológicas, sino por razones técnicas y económicas.[284] Del mismo modo, las respuestas contenidas en el presente

---

[284] Juan Pablo Fusi Aizprua, (Contemporary History Professor), "La educación en la España de Franco", *Franco y su época,* directed by Luis Suárez Fernández for Summer Studies, 1992, University Complutense de Madrid (Madrid: Actas de El Escorial,

estudio a la pregunta 5, "¿Le enseñaron los principios de la religión católica en la escuela?" y pregunta 2: "¿A qué tipos de escuelas asistió usted en España?» indican que los participantes asistieron a una variedad de escuelas que incluían la pública y la católica (ver resultados de la encuesta), pero sólo siete de los cuarenta y cinco encuestados respondieron bien "Casi nunca" o "nunca" a la pregunta 5, lo que indica que el catolicismo era una parte del plan de estudios en todos los tipos de escuelas. Esto confirma los hallazgos históricos de que el catolicismo se enseñaba en las escuelas públicas y privadas.

En resumen, los resultados de la encuesta dieron una mayor confianza en que las conclusiones cosechadas durante esta investigación fueron más creíbles, ya que los temas de cohesión y las pautas surgieron de la triangulación de la encuesta, análisis de la investigación histórica y los libros de texto.

1993), 127. Este trabajo forma parte de un proyecto de investigación de verano más amplio financiado por el gobierno español y realizado a través de la Universidad Complutense de Madrid.

CAPÍTULO 7

CONCLUSIÓN

El estudio que nos ocupa investigó la relación en España entre el sistema educativo, el gobierno y la Iglesia Católica durante el régimen de Franco, de 1939 a 1975. Un Nacional Catolicismo desarrollado que unía a la Iglesia con el gobierno de Franco y de esa unión nació el falangismo, definido por la mayoría de los historiadores como el fascismo español (véase el Capítulo 4). Se examinó en profundidad la forma de transmitir estas corrientes a la sociedad a través del sistema educativo y se analizaron utilizando los marcos conceptuales del funcionalismo estructural (incluida la socialización política), el nacionalismo y la teoría del efecto filtro. Las múltiples metodologías de la investigación histórica de ambos documentos gubernamentales y de la Iglesia, el análisis de los textos escolares de la época y una encuesta sobre sus experiencias educativas durante y después del franquismo realizada a españoles del presente, se coordinaron en un proceso llamado de triangulación. Los resultados indicaron que la interconexión entre la enseñanza de los conceptos centrales al catolicismo, el nacionalismo y el falangismo puede haber avanzado las perspectivas y el poder del fascismo en España.

A comienzos del siglo XX, varias filosofías chocaron en diversos ámbitos de pensamiento entre los miembros de la intelectualidad española. La reformista Generación del 98, dirigida por Miguel de Unamuno, un escritor y filósofo vasco, adoptó un marco existencialista basado en los escritos del teórico danés, Søren Kierkegaard.

Partiendo de elementos de la Ilustración alemana, esta ontología relativista enmarca un movimiento encaminado a la reestructuración política enfrentando a estos reformadores contra la creencia absolutista de la Iglesia católica en la verdad inmutable. La creciente coalición de facciones liberales se hizo cargo del gobierno español en 1931 en una revolución sin derramamiento de sangre, cuando la dictadura de Primo de Rivera falló. Sin embargo, cuando la República comenzó a tambalearse casi tan pronto como empezó, se hizo evidente que el liderazgo republicano de que la educación de España era un impedimento clave para la modernización política y económica de la nación (Véase el Capítulo 2). Sin embargo, la "Nueva Escuela" que se implementó rápidamente por la República fue sustituida con la misma rapidez después que la II República fue derrotada en 1939. La posterior evolución de la conciencia española en un tipo de sensibilidad fascista, significó un elemento crítico en la era franquista. Esta sensibilidad era fundamental para las políticas implementadas y los libros de texto difundidos en las escuelas durante el régimen de Franco (Consúltese el Capítulo 4).

A diferencia de otros países, el sistema educativo español ha reflejado el gobierno en el poder. Sin embargo, según mostraba la investigación histórica en el capítulo 2, los cambios de las políticas volátiles de España y las represalias posteriores dañaron sus escuelas y la educación de sus hijos. Además, la Iglesia Católica controlaba la educación española durante la mayor parte de la historia moderna de España. Por ejemplo, en la España de 1851, el Concordato ordenó que los obispos hicieran cumplir la conformidad de la educación a la doctrina católica (Véase el Capítulo 2). Aunque esta ley fue prohibida brevemente por los republicanos en 1931 al comienzo de la Segunda República Española, los cuatro primeros puntos fueron reintegrados en 1941 por Franco, tras la llegada de los nacionalistas al poder.[285] Sin embargo, la Iglesia y el gobierno falangista en los años del franquismo lucharon por el control de la educación, ya que el gobierno trató de nacionalizar el sistema escolar. Aunque el gobierno nunca obtuvo el control completo de las escuelas (sobre todo porque el plan de estudios fue escrito por los líderes de la Iglesia y muchos educadores eran católicos), el gobierno de Franco trabajó con la Iglesia por el objetivo común de una sociedad española humanista totalitaria (véase el Capítulo 4).

---

[285] Todos los puntos fueron restablecidos a excepción del derecho de Franco de restituir obispos. Véase Payne, *The Franco Regime,* 420.

El capítulo 3 ha utilizado los marcos conceptuales del funcionalismo estructural, el nacionalismo y la teoría del efecto filtro como lupa analítica para el presente estudio. Estas teorías proporcionan estructuras para examinar si la Iglesia Católica y el gobierno español, a través de políticas y planes de estudio desarrollados conjuntamente por estas instituciones, cultivaban un ambiente escolar que enseñó un nacionalismo extremo entre los años 1939 y 1975. La investigación histórica presentada en el estudio actual indica que la Iglesia Católica trató de mantener su posición de poder sobre la población a través de la educación. Además se mostró cómo la Iglesia y el gobierno se dispusieron a utilizar las escuelas como vehículo para imponer un sistema de creencias nacionalista católico en los escolares que asistían a escuelas públicas y privadas.

Un elemento crítico de Almond et al. acerca de la teoría funcionalista estructural es el reclutamiento, o cómo se ordena a los ciudadanos a convertirse en agentes activos en el sistema político. Ellos escribieron que en un sistema autoritario, el reclutamiento puede estar dominado por los líderes religiosos no electos. Este elemento de su teoría se puede aplicar directamente a la España de Franco en el período objeto de estudio. Además, el concepto de comunicación de Almond et al. o la forma en que un gobierno difunde información a los ciudadanos, puede ser visto claramente en la reescritura de los libros de texto en esta etapa. Los líderes controlan toda la información difundida a los ciudadanos y, en el caso de la educación, la comunicación era específica y directa.

El capítulo 4 exploró la rivalidad entre los falangistas y la Iglesia por el control del gobierno y las escuelas. Franco astutamente orquestó un tipo de "equilibrio de poder" entre los miembros del partido gobernante para que ningún grupo nunca predominara completamente. Algunos, como el general Juan Vigón Suerodíaz, Ministro de las Fuerzas Aéreas, eran falangistas; Pedro Sainz Rodríguez (el primer Ministro de Educación del régimen de Franco) era un monárquico y católico, Conde de Rodezno, el ministro de Justicia, fue otro carlista monárquico. Durante la dictadura de Franco, fue confirmada la Ley Moyano de 1857, que otorgaba a los obispos la responsabilidad de revisar todo el contenido doctrinal del plan de estudios de las escuelas, incluyendo libros de texto. Sin embargo, según José Pemartín, ministro de educación de Franco durante la Guerra Civil (3 de octubre de 1936 - 30 de enero de 1938), el plan de la Falange para las escuelas era combinar el catolicismo y el fascismo, en particular en la educación pública. Pemartín creía que un fascismo español tenía que tener una base católica, para crear una fusión completa de la nación y el Estado. Sin embargo, afirmó que personal de la escuela que no apoyaba la agenda nacionalista traicionaba estas ideas, lo cual dificultó esta fusión en las escuelas. Según lo revelado en el capítulo 4 del presente estudio, los libros de texto escolares sirvieron para apoyar la nacionalización del catolicismo destinado a crear un humanismo totalitario español.

El capítulo 5 presenta la metodología que ha guiado el análisis de los componentes de investigación del presente estudio. Después de suministrar un análisis de las declaraciones sobre la política de educación y los libros de texto utilizados en el periodo franquista, el estudio incluyó una encuesta a españoles de hoy en día, a quienes se les han planteado preguntas acerca de la posible coerción política que podían haber encontrado en su educación, antes y después de 1975, año de la muerte de Francisco Franco. Los resultados de este estudio se presentaron en el Capítulo 6. Los tres elementos de investigación han sido triangulados, comparando el análisis histórico de los documentos del gobierno y de la Iglesia, el examen de los libros de texto durante esta etapa y la encuesta a los españoles en la actualidad, para verificar la consistencia o fiabilidad de los resultados del presente estudio, así como para asegurarse de que estos resultados eran válidos. Una mezcla de los resultados de estos tres componentes proporciona una respuesta afirmativa a las preguntas centrales de investigación del estudio que nos ocupa - si existía complicidad entre el gobierno falangista y la Iglesia, que sirvió para hacer proselitismo de un nacionalcatolicismo franquista en el sistema escolar.

Contribución académica

Este estudio del sistema educativo durante el régimen de Franco en España hace una contribución significativa en el campo de la educación comparada, ya que pocos estudios comparativos han explorado la educación fascista española (Véase el Capítulo 1). Aunque se ha escrito mucho sobre el catolicismo español y el fascismo español, existe una escasez de información y análisis acerca la instrumentalización de la educación bajo el régimen franquista. El presente estudio llena este vacío mediante la revelación de las construcciones políticas y teológicas que sustentan la política de educación y formación curricular y cómo se desarrollaron los libros de texto para servir a la política española durante este periodo.

Estudio Adicional

Un análisis comparativo del sistema educativo en la Polonia comunista, así como el papel de la Iglesia Católica y su relación con las escuelas y el gobierno, representaría una gran contribución en este campo. Debido a que tanto España y Polonia tienen fuertes raíces católicas y una mayor fragmentación de los partidos políticos en comparación con otros países de la Europa oriental, una comparación de estructura similar a la del presente estudio podría revelar los factores críticos en la historia de Polonia y otras naciones de la Europa del Este, de orientación similar. Además, algunos observadores como Edward Malefakis, han comparado la situación de los campesinos agrarios en el sur de España durante la Segunda República española con la experiencia de la población polaca rural durante la República de Polonia antes de 1926. Malefakis cree que, aunque Polonia no era tan anticlerical como lo era España entre 1931 y 1936, ambos países experimentaron un ascenso del nacionalismo que eventualmente subyugaron a los grupos étnicos minoritarios resultantes al final de un gobierno parlamentario y los dictámenes del Partido Progresista.[286] Además, España tuvo un dictador y en Polonia tuvieron una dictadura bajo el comunismo, al tiempo que ambas naciones habían establecido profundamente las tradiciones católicas.

La dirección de la presente investigación mostró que al analizar el sistema educativo de un estado que tiene una estructura fuerte, tal como la Iglesia Católica, y un modelo político, como la lucha de clases, no responde completamente a las preguntas más complejas relacionadas con el control de la educación por poderosas entidades culturales, como la Iglesia católica y un gobierno fascista. Además, como se señala en este estudio sobre España

---

[286] Edward Malefakis, "La Segunda Republica española: algunas observaciones personales en su 50 aniversario" ed. Pierre Broué, *La IIa Republica española* (Barcelona: University of Barcelona, 1983), 100.

durante su Guerra Civil y después de la época franquista, aunque los republicanos y los nacionalistas apoyaron los principios políticos opuestos (liberal y conservador, respectivamente), los miembros de ambos bandos, que eran fuertemente católicos, parecían mostrar una fuerte lealtad a sus creencias religiosas más que a las plataformas de sus partidos. Por ejemplo, según revelaron los análisis de Payne sobre la política en el funcionamiento del Partido Republicano durante la Segunda República Española, parte de la falta de unidad de la República se debió a desacuerdos entre los miembros del partido en cuanto al papel del catolicismo en el gobierno y las escuelas. Algunos trataron de promulgar un tipo de catolicismo social, mientras otros se inclinaban por una versión más democrática.[287] Los nacionalistas, de manera similar, "amortiguaron" su concepto de fascismo para incluir el catolicismo, de ahí el término "Falange". En resumen, ambas partes trataron de promulgar sus principios políticos por un tipo de socialización política que buscaba amortiguar la imaginación de la población, en parte, a través del control de la educación y de los libros de texto de la escuela.

[287] Ibid, 373, 11.

APPENDIX A

SURVEY DATA

ID#	CompletedDate	Q1	Q2	Q3	Q4	Q5	Q6	Q7	Q8	Q9	Q10	Q11	Q12	Q13	Q14	Q15	Q16
171715	2010.10.21 3:46	0-15	Public	3	2	1	2	5 The majority graduated from a university	Yes	Against the Nationalists	no	no	3	1	2	4	2
170546	2010.11.12 10:47	51 o m s	Catholic	4	2	1	3	3 The majority only finished secondary school.	Yes	Against the Republicans	Yes	Yes	1	3	2	4	2
170505	2010.11.12 14:19	51 o m s	Public	4	4	2	5	3 The majority only finished secondary school.	No		no	no	1	4	4	4	1
171379	2010.12.10 16:31	0-15	Public	4	2	1	3	1 The majority didn't finish primary school.	Yes	Against the Nationalists	no	no	4	3	3	2	3
170557	2011.01.06 10:50	0-15	Public	2	2	1	2	2 The majority only finished primary school.	Yes	Against the Republicans	no	Yes	4	3	2	2	4
171654	2011.01.06 10:55	51 o m s	Public	4	2	2	3	4 The majority attended a university but some didn't graduate	No		no	no	3	4	3	3	4
168170	2011.01.06 12:50	16-30	Combination of 1 and 2	2	1	1	2	1 The majority didn't finish primary school.	Yes	Against the Republicans	no	no	4		3	4	
170536	2011.01.06 12:55	0-15	Catholic	3	1	1	1	3 The majority only finished secondary school.	Yes	Against the Nationalists	no	Yes	3	3	3	2	4
170508	2011.01.06 13:24	0-15	Other type	2	3	2	3	2 The majority only finished primary school	Yes	Against the Nationalists	no		2	3	4	1	3
170548	2011.01.06 14:15	31-50	Catholic	2	1	1	1	1 The majority didn't finish primary school.	Yes	Against the Republicans	Yes	no	4	3	3	1	4
171703	2011.01.06 14:17	0-15	Other type	3	3	2	1	4 The majority attended a university but some didn't graduate	Yes	Against the Republicans	no	no	4	3	4		
171220	2011.01.06 14:36	0-15	Catholic	2	1	1	1	5 The majority graduated from a university	No		no	no	2		3	2	4
172135	2011.01.06 15:10	0-15	Catholic	3	2	1	3	3 The majority only finished secondary school.	No		no	Yes	2	3	2	1	2
171224	2011.01.06 15:23	0-15	Catholic	4	1	1	2	5 The majority graduated from a university	Yes	Against the Republicans	no	no	1			4	4
171238	2011.01.06 6:16	0-15	Catholic	2	1	1	3	1 The majority didn't finish primary school.	Yes	Against the Republicans	Yes	no	4	3	2	1	3
171656	2011.01.06 6:27	0-15	Other type	4	2	1	3	2 The majority only finished primary school	Yes	Doesn't apply	no	no	3	2	2	4	2
170506	2011.01.06 6:40	0-15	Public	2	1	1	1	5 The majority graduated from a university	Yes	Against the Republicans	no	Yes	4	3	2	1	3
171488	2011.01.06 7:22	0-15	Catholic	2	1	1	2	2 The majority only finished primary school	Yes	Doesn't apply	no	no	3	4	3	4	4
171606	2011.01.06 9:49	0-15	Other type	3	2	2	4	3 The majority only finished secondary school.	Yes	Against the Nationalists	no	no	4		2	4	
171701	2011.01.07 1:41	0-15	Catholic	3	1	1	5	5 The majority graduated from a university	Yes	Against the Republicans	Yes	no	1			4	1
171747	2011.01.07 11:13	0-15	Catholic	2	1	2	5	5 The majority graduated from a university	Yes	Doesn't apply	no	no	3	4	2	2	2
170644	2011.01.07 13:50	0-15	Catholic	3	2	1	2	4 The majority attended a university but some didn't graduate	No	Doesn't apply	no	Yes	4	3	3	2	2
170510	2011.01.07 16:44	0-15	Catholic	2	1	1	3	1 The majority didn't finish primary school.	Yes	Against the Republicans	Yes	no	4		2	4	4
170547	2011.01.07 16:9	0-15	Combination of 1 and 2	4	2	2	3	5 The majority graduated from a university	Yes	Against the Republicans	Yes	no	1	3		4	1
172505	2011.01.07 2:39	0-15	Catholic	3	2	2	3	5 The majority graduated from a university	Yes	Against the Nationalists	Yes	no	3	2	2	2	2
171221	2011.01.07 3:36	0-15	Catholic	3	2	2	3	5 The majority graduated from a university	Yes	Against the Republicans	Yes	Yes	2	1	2	4	4
171489	2011.01.07 4:20	0-15	Catholic	2	1	1	1	2 The majority only finished primary school.	Yes	Against the Republicans	Yes	no	4	3	3	1	3
161899	2011.01.07 4:21	0-15	Catholic	4	1	1	2	3 The majority only finished secondary school.	Yes	Against the Republicans	no	no	1	2	3	4	1
161849	2011.01.07 5:55	0-15	Public	3	1	2	3	2 The majority only finished primary school.	Yes	Against the Republicans	no	no	1	3	4	2	2
171341	2011.01.07 9:13	0-15	Catholic	3	1	1	1	2 The majority only finished primary school.	No		no	no	3	3		2	
171640	2011.01.08 12:44	0-15	Catholic	4	3	1	5	3 The majority only finished secondary school.	Yes	Against the Nationalists	no	no	1	3	4	4	4
170653	2011.01.08 12:45	0-15	Public	4	3	2	2	4 The majority only finished secondary school.	Yes	Against the Nationalists	no	no	1	3	4	4	1
170537	2011.01.08 13:43	0-15	Catholic	3	2	1	1	5 The majority graduated from a university	No		Yes	no	3		3	2	4
171283	2011.01.09 15:44	0-15	Combination of 1 and 2	3	3	1	5	4 The majority attended a university but some didn't graduate	Yes	Doesn't apply	no	no	2	3	4	2	2
170507	2011.01.09 16:40	16-30	Combination of 1 and 2	3	2	2	4	1 The majority didn't finish primary school.	Yes	Against the Nationalists	no	no	3	4	4	2	2
170560	2011.01.09 17:11	0-15	Public	3	2	1	3	2 The majority only finished primary school.								4	1
157006	2011.01.09 6:3	0-15	Combination of 1 and 2	2	3	1	4	3 The majority only finished secondary school.	Yes	Against the Nationalists	no	Yes	4	3	4	1	3
171210	2011.01.10 11:43	31-50	Public	2	1	1	3	3 The majority only finished secondary school.	Yes	Against the Republicans	Yes	Yes	4	3	2	1	3
171214	2011.01.10 2:13	51 o m s	Combination of 1 and 2	2	2	1	5	3 The majority only finished secondary school.	Yes	Against the Nationalists	no	no	4		4	2	
171494	2011.01.10 4:52	0-15	Public	2	4	1	3	2 The majority only finished primary school.	No	Doesn't apply	no	no	4	3	4	1	1
171201	2011.01.10 8:45	0-15	Combination of 1 and 2	1	2	1	3	1 The majority didn't finish primary school.	No		no	no	4		2	2	
170660	2011.01.13 10:5	0-15	Other type	2	2	1	5	2 The majority only finished primary school.	Yes	Against the Republicans	Yes	Yes	4	3	4	3	3
172762	2011.01.14 7:15	0-15	Public	3	2	1	5	3 The majority only finished secondary school.	Yes	Against the Nationalists	no	Yes	3	4	4	2	
171372	2011.01.14 7:15	0-15	Combination of 1 and 2	4	2	1	1	5 The majority graduated from a university	Yes	Against the Republicans	Yes	no	2	3	2	2	2

Survey Data

SURVEY

1. When you were a child, how many kilometers from your home was a large city?

    1. 1 – 15
    2. 16 – 30
    3. 31 – 50
    4. 51 or more

2. What types of schools did you attend in Spain?

    1. Public
    2. Catholic
    3. A combination of 1 and 2
    4. Other type

3. In what years did you attend school?

    1. Before 1936
    2. Between 1936 and 1975
    3. After 1975
    4. A combination of 1 and 2
    5. A combination of 2 and 3

4. The courses of study in your school, were they similar or opposite to the religious teachings of your parents?

    1. Totally similar
    2. More or less similar
    3. More or less contrary
    4. Totally contrary

5. Were you taught the principles of Catholic religion in your school?

    1. Yes, always.
    2. Yes, sometimes

3. Almost never

4. No, never

6. Politically, were your parents, brothers, aunts/uncles, cousins, or grandparents

    1. Conservative

    2. Somewhat conservative

    3. Moderate

    4. Somewhat liberal

    5. Liberal

7. What level of education have/had your parents, siblings, aunts/uncles, cousins, or grandparents?

    1. The majority graduated from a university.

    2. The majority attended a university, but some didn't graduate

    3. The majority only finished secondary school. (Joan, if you don't have "only" there in the Spanish, you could take it out. It's a little pejorative looking.)

    4. The majority only finished primary school.

    5. The majority didn't finish primary school.

8. Did any of your parents, siblings, cousins or grandparents fight during the Civil War?

    1. Yes

    2. No

9. If you responded "yes" to the previous question, against whom did they fight?

    1. Against the Nationalists

    2. Against the Republicans

    3. It doesn't apply

10. Do you have family members that are (were) priests or members of the clergy?

    1. Yes
    2. No

11. Did you know a relative or friend that died in the Civil War?

    1. Yes
    2. No

12. Was a Spanish identity taught in your school, that is, was it taught that Spaniards should have one national culture and similar characteristics?

    1. No, never
    2. Yes, a little
    3. Yes, from time to time
    4. Yes, a lot

13. Do you believe that the textbooks used in school during the Civil War established the basis of the ideology and the religiosity of the Spanish society?

    1. Yes, only politically
    2. Yes, only religiously
    3. Yes, absolutely
    4. No, not at all

14. Did you change your ideas or family beliefs in respect to the government because of the teaching that you were given in school?

    1. Yes, and I became a strong defender of the government
    2. Yes, but I didn't believe everything that they taught me.
    3. No. because my family was always in agreement with the government

4. No. I didn't believe what they taught me because it was in contrary to what I learned at home.

15. Did they teach you in school that there existed a union between "being Spanish" and "being Catholic"?

    1. Yes, all the time
    2. Yes, from time to time
    3. Only In religion class
    4. No, never

16. Were you able to express your ideas or political beliefs in school even if they were opposed to those of the Spanish government?

    1. Yes, all the time.
    2. Yes, sometimes
    3. No, I was afraid
    4. No, because I was in agreement with the teachings of the school

BIBLIOGRAPHY

Alberdi, R. 1994. La Educación en la España Contemporánea (1789 – 1975). In *Historia de la Educación en España y América*. Buenaventura Delgado Criado (ed.) Madrid: Fundación Santa María.

Almond, Gabriel, G. Bingham Powell, Jr., Kaare Strom, and Russell Dalton. 2008. *Comparative Politics Today: A Theoretical Framework, 5/E*. London: Longman.

Almond, Gabriel A. and Sidney Verba. 1989. *Civic Culture*. Newbury Park: Sage Publications.

Álvarez, Antonio. 1954. *Enciclopedia, Intuitiva, Sintética y Practica, Segundo Grado*. Madrid: EDAF.

Alvarez Lázaro, Pedro F. 2001. *Cien Años de Educación: en Torno a la Creación del Ministerio de Instrucción, Pública y Bellas Artes*. Madrid: Ministerio de Educación, Cultura, y Deporte.

"Background of War II: The Struggle in Spain." *Fortune Magazine*, April, 1937. New York: Time, Inc.

Bali, Rajeev K. 2005. *Clinical Knowledge Management: Opportunities and Challenges*. Hershey, PA: IGI Global.

Baquero, Peluca and Gonzalo Tapia. 2007. *Misiones Pedagógicas 1934 – 1936. Republíca española*. Valencia: Acacia Films, Malvarrosa Media.

Berrío, Julio Ruiz. 1993. Francisco Giner de los Ríos (1839 – 1915). In *Prospects: The Quarterly Review of Comparative Education*. Paris: UNESCO, International Bureau of Education, 13(3/4).

Blausetin, Albert P. 1993. *Constitutions of the World*. Nashville: Carmichael and Carmichael, Inc.

Borrás Llop, José María. 1996. *Historia de la infancia en la España contemporánea, 1934 – 1936*. Madrid: Fundación Germán Sánchez Ruipérez.

Brenneis, Sara. 2004. *La batalla de la educación: Historical Memory in Josefina Aldecoa's Trilogy.* Berkeley, CA: University of California.

Brinton, Howard H. 1994. *The Mystic Will: Based on a Study of the Philosophy of Jacob Boehme.* Whitefish, MN: Kessinger Publishing.

Boyd, Carolyn. 1997. *Historia Patria.* Princeton, NJ: Princeton University Press.

Broakes, Robert A. 1984. *From Darwinism to Behaviourism: Psychology and the Minds of Animals.* Cambridge: Cambridge University Press.

Catholic Encyclopedia. www.newadvent.org/cathen/11141b.htm.

Central Intelligence Agency. 2010. The World Factbook. https://www.cia.gov/library/publications/the-world-factbook/geos/sp.html.

Cereceda, Feliciano. 1943. *Historia del Imperio Español y de la Hispanidad.* Madrid: Razón y Fe, Introducción.

Chehabi, H. E. and Arang Keshavarzian. 2008. Politics in Iran. In *Comparative Politics Today, A World View*, Gabriel A. Almond, G. Bingham Powell, Jr., Russell J. Dalton, and Kaare Strøm (eds). New York: Pearson Longman, 563 – 588.

Chomsky, Noam. 1976. The Relevance of Anarcho-syndicalism. In *The Jay Interview.* Peter Jay (interviewer). http://www.chomsky.info/interviews/19760725.htm.

Concha, Victor G. de la. 1987. *El Cristo de Velazquez.* Madrid: Espasa – Calpe.

Cowans, John. 2003. *Modern Spain: A Documentary History.* Philadelphia: University of Pennsylvania Press.

Dendle, Brian John. 1968. *The Spanish Novel of Religious Theses, 1876 – 1936.* Valencia: Artes Gráficas Soler, S.A.

Díaz-Plaja, Fernando. 1970. *La posguerra española en sus documentos.* Madrid: Plaza and Janés.

Doob, Leonard W. 1935. *Propaganda, Its Psychology and Technique.* New York: Henry Holt and Company.

Epstein, Erwin H. 1997. National Identity Among St. Lucian Schoolchildren. *Ethnicity, Race, and Nationality in the Caribbean.* J. M. Carrión (ed.) San Juan: University of Puerto Rico.

Epstein, Erwin H. and Katherine T. Carroll. 2005. Abusing Ancestors: Historical Functionalism and the Postmodern Deviation in Comparative Education, *Comparative Education Review*, 49(1).

Escolano, Agustín. 1992. *Leer y escribir en España. Doscientos años de alfabetización.* Madrid: Fundación Germán Sánchez Ruipérez.

Esteban, L. and I. Serra, eds. 1931. La Educación en la España Contemporánea (1789-1975). *Historia de la Educación en España y América.* Madrid: Fundación Santa María Ediciones, Morata S.L., 3, 815 – 816.

Fernández de la Mora, Gonzalo. 1997. "Franco, ¿dictador?", in *El legado de Franco.* Madrid: VV:AA.

Fernández Soria, Juan Manuel. 1984. *Educación y cultura en la guerra civil.* Valencia: Imprinta Martín.

Fumagalli, Francesco. 2000. The Roots of Anti-Judaism in the Christian Environment. http://www.vatican.va/jubilee_2000/magazine/docu ments/ju_mag_01111997_p-31_en.html.

Fusi Aizprua, Juan Pablo. 1993. La educación en la España de Franco. *Franco y su época.* Luís Suárez (ed.) Madrid: Actas de El Escorial, 127.

García Garrido, J. L. 1994. La Educación en la España Contemporánea (1789 – 1975). In *Historia de la Educación en España y América.* Buenaventura Delgado Criado (ed.) Madrid: Ediciones Morata S.L.

Gehler, Michael and Wolfram Kaiser. 2004. *Christian Democracy in Europe since 1945.* New York: Routledge.

Gerber, Jane S. 1992. *The Jews of Spain: A History of the Sephardic Experience.* New York: Simon and Schuster, Inc.

Giménez Caballero, Ernesto. 1943. *España Nuestra, el Libro de la Juventudes Españolas.* Madrid: Ediciones de la Vicesecretaria de Educación Popular.

_____. 1981. *Memorias de un dictador.* Barcelona: Planeta.

Giménez Caballero, Ernesto and Pedro Sáinz y Rodríguez. 1932. *La Gaceta literaria.* Madrid: E. Pizarro R.

Griffin, Roger and Matthew Feldman. 2004. *Fascism: The Nature of Fascism.* London: Routledge.

Hartley, David. 1997. *Re-schooling Society, Educational Change and Development.* Abingdon, UK: Routledge.

Ibáñez de Opacua, María del Pilar. 1941. *El Libro de España.* Madrid: Publicaciones de la Institución Teresiana.

Institución Nacional de Estadística. 1923 – 1924. Porcentajes de analfabetos por capitales de provincias, con distinción de sexo, en los censos de 1900,

1910 y 1920. In *Fondo documental del Instituto Nacional de Estadística.*
http://www.ine.es/inebaseweb/pdfDispacher.do?td=81533&L=1.

_____. 2001. Cifras de población. http://www.ine.es/jaxi/menu.
do?type=pcaxis&path=%2Ft20/e260&file=inebase&L=1.

_____. 2011. Estado General de la Población en los Años 1768 y 1769.
http://www.ine.es/censos2011/censos2011_aranda.htm.

Kierkegaard, Sŏren. (Translated from the Danish by David F. Svenson).
1936. *Philosophical Fragment.* Princeton, N.J.: Princeton Press.

Jain, T.R., S. C.Aggarwal, and R. K. Rana. 2010. *Basic Statistics for
Economists.* Delhi: Neekunj Print Process.

Jennings, M. Kent, Klaus R. Allerbeck, and Leopold Rosenmayr. 1979.
Generations and Families. In *Political Action.* Samuel H. Barnes and
Max Kaase (eds.) Beverly Hills, CA: Sage, 1450.

Jensen, Geoffrey. 2002. *Irrational Triumph, Cultural Despair, Military
Nationalism, and the Ideological origins of Franco's Spain.* Reno, Nevada:
University of Nevada Press.

Lannon, Frances. 1987. *Privilege, Persecution, and Prophecy.* Oxford:
Clarendon Press.

Larra, Mariano José de. 1989. Carta a Andrés escrita desde las Batuecas
por El Pobrecito Hablador. *Artículos de costumbres.* Madrid: Espasa-
Calpe, 92.

Lewis, Paul H. 2002. *Latin Fascist Elites: The Mussolini, Franco, and
Salazaar Regimes.* Westport, CT: Praeger Publishers.

Livingston, James C. 2006. *Modern Christian Thought: The Enlightenment
and the Nineteenth Century.* Minneapolis: Fortress Press.

Lizzardo, Omar. 2005. Can cultural capital theory be reconsidered in the
light of world polity institutionalism? Evidence from Spain. *Poetics 33.*
Tucson, AZ: University of Arizona, 101.

Loder, Dorothy. 1955. *The Land and People of Spain.* New York: J. B.
Lippincott Company.

London, Scott. 2008. *On Structural Functionalism.* http://www.
scottlondon.com/articles/almond.html.

Luebbert, Gregory M. 1991. *Liberalism, Fascism, or Social Democracy.* New
York: Oxford University Press.

Maine, Sir Henry Sumner. 1891. *Dissertation on Early Law and Custom.*
London: Spottswoode and Co.

Malefakis, Edward. 1983. La Segunda Republica española: algunas observaciones personales en su 50 aniversario. In *La IIa Republica española*. Pierre Broué (ed.) Barcelona: University of Barcelona, 11,100. 373.

Mallada, Lucas. 1998. *La Futura Revolución Española y Otros Escritos Regeneracionistas.* Madrid: Biblioteca Nueva, Editorial S.L.

Maxwell, Joseph A. 2005. *Qualitative Research Design, An Interactive Approach.* Thousand Oaks, CA: Sage Publications.

Mayer, Arno J. 1971. *Dynamics of Counterrevolution in Europe, 1870 – 1956.* New York: Harper & Row.

McMillan, James H. 2000. *Educational Research, Fundamentals for the Consumer.* New York: Addison, Wesley, Longman, Inc.

Moa, Pío. 2005. *Franco, Un Balance Histórico.* Barcelona: Planeta.

Molina, Fernando. 2011. The reign of Christ over the nation: The Basque question in the Spanish Republic, 1931 – 1936. *National Identities.* London: Psychology Press.

Mosse, George L. 1966. The Genesis of Fascism. In *Journal of Contemporary History.* Los Angeles: Sage Publications, Ltd., 14 – 16, 23 – 24.

_____. 1966. E. Nolte on Three Faces of Fascism. In *Journal of the History of Ideas.* Philadelphia: University of Pennsylvania Press, 27(4), 621 – 625.

_____. 1998. *Crisis of German Ideology, Intellectual Origin of the Third Reich.* New York: Howard Fertig.

Myers, Charles S. 1900. Vitalism: A Brief historical and Critical Review. In *Mind.* http://www.jstor.org/stable/2247568, 9(34), 218 – 233.

Navarro García, Clotilde. 1993. *La Educación y el Nacional-Catolicimso.* Cuenca: Servicio de Publicaciones de la Universidad de Castilla-La Mancha.

"Nazi Party Scores Catholic Bishops: Pastoral Letter to be Read in Churches Sunday Bids Parents Stand Firm," *The New York Times*, September 25, 1936. New York: New York Times.

Nuccio, Richard. 1998. *The Socialization of Political Values: The Content of Official Education in Spain.* Amhurst: University of Massachusetts.

"Obras Competas de F. Giner" [Complete Works of F. Giner.] 2009. In *Acceso al Archivo Virtual de la Edad de Plata (1868 – 1936.) [Access to the Virtual Archives of the Age of Silver (1868 – 1936.)]* http://www. fundacionginer.org/obras_comp.htm.

Ortiz Muñoz, Luís. 1940. *Glorias imperiales, libro escolar de lecturas históricas.* Madrid: Editorial Magisterio Español, 1:7.

Payne, Stanley G. 1961. *Falange, A History of Spanish Fascism.* Stanford: Stanford University Press.

_____. 1967. *Franco's Spain.* Boston: Crowell.

_____. 1970. *The Spanish Revolution.* New York: W. W. Norton & Company, Inc.

_____. 1973. *A History of Spain and Portugal.* Madison: The University of Wisconsin Press.

_____. 1980. *Fascism, Comparison and Definition.* Madison: The University of Wisconsin Press.

_____. 1984. *Spanish Catholicism, An Historical Overview.* Madison: The University of Wisconsin Press.

_____. 1987. *The Franco Regime, 1936 – 1975.* Madison: University of Wisconsin Press.

_____. 1993. *Spain's First Democracy, The Second Republic, 1931 – 1936.* Madison: The University of Wisconsin Press.

_____. 1995. *A History of Fascism, 1914 – 1945.* Madison: The University of Wisconsin Press.

_____. 1996. *A History of Fascism, 1914 – 1945.* Madison: University of Wisconsin Press.

_____. 1999. *Fascism in Spain.* Madison: University of Wisconsin Press.

_____. 2006. *The Collapse of the Spanish Republic, 1933 – 1936, Origins of the Civil War.* New Haven, CT: Yale University Press.

_____. 2008. *Franco and Hitler, Spain, Germany, and World War II.* New Haven, Conneticut: Yale University Press.

Pemán, José María. 1939. *La Historia de España Contada con Sencillez.* Cadiz: Est. Cerón.

Pemartín, José. 1938. *Qué es <<Lo Nuevo>> Consideraciones sobre el Momento Español Presente.* Madrid: Espasa-Calpe, S.A.

Phillips, William D. Jr. and Carla Rahn Phillips. 2010. *A Concise History of Spain.* Cambridge: Cambridge University Press.

Pike, Frederick B. 1971. *Hispanismo, 1898 – 1936: Spanish Conservatives and Liberals and Their Relations with Spanish America*. Notre Dame, Indiana: University of Notre Dame Press, 1971.

Pla y Deniel, Enrique. 1963. *Iglesia, Estado y Movimiento Nacional*. Madrid: Rivas Vacia.

Pope Pius XI. 1929. *Divini Illius Magistri, Encyclical on Christian Education,* http://www.vatican.va/holy _father/pius_xi/encyclicals/documents/ hf_xi_enc_31121929_divini-illius-magistri _en.html.

————. 1932. Caritate Christi. Vatican: Rome, 24 (184). www. vatican.va.

————. 1937. Divini Redimptoris, Atheistic Communism to the Patriarchs, Primates, Archbishops, Bishops, and other ordinaries in Peace and Communion with the Apostolic See. Vatican: Rome. www. vatican.va.

Pozo Andrés, María del Mar del and J. F. A. Braster. 2006. The Reinvention of the New Education Movement in the Franco Dictatorship (Spain, 1936 – 1976). In *Pedagogica Histórica, International Journal of the History of Education*. London: Routledge, 42(1/2), 109 - 112.

Preston, Paul. 2003. Ramón Serrano Súñer. In *The Guardian,* http://www. guardian.co.uk/news/2003/sep/04/guardianobituaries.spain.

Ramón Fort, D. Carlos. 1853. *El Concordato de 1851 Segunda Edición*. Madrid: Imprenta y Fundación de Eusebio Aguado.

Redondo, Gonzalo. 1993. *Historia de la Iglesia en España, 1931-1939*. Madrid: Ediciones RIALP.

Rees, Phillip. 1990. *Biographical Dictionary of the Extreme Right since 1890*. New York: Simon and Schuster.

Rial, James H. 1986. *Revolution from Above, The Primo de Rivera Dictatorship, 1923 – 1930*. Cranbury, NJ: Associated University Presses.

Roberts, David D. 2006. *The Totalitarian Experiment in Twentieth-Century Europe: Understanding the Poverty of Great Politics*. New York: Routledge.

Robinson, Richard A. H. 1970. *The Origins of Franco's Spain – The Right, the Republic and Revolution, 1931- 1936*. Pittsburgh: University of Pittsburgh Press.

Rohr, Isabelle. 2007. *The Spanish Right and the Jews, 1898 – 1945: Anti-Semitism and Opportunism.* Portland, Oregon: Sussex Academic Press.

Rosenthal, R. and R. L. Rosnow. 1984. *Essentials of Behavioral Research: Methods and Data Analysis.* New York: McGraw-Hill.

Rousseau, Jean-Jacques. 1895. *Émile or On Education.* New York: D. Appleton & Co.

Ruíz Barrio, Julio. 1970. *Política escolar de España en el siglo XIX (1808 – 1833).* Madrid: Consejo Superior de Investigaciones Científicas.

Sánchez, José M. 1987. *The Spanish Civil War as a Religious Tragedy.* Notre Dame, Indiana: University of Notre Dame.

Schmitter, Philippe C. 1974. "Still the Century of Corporatism? F. Pike and T. Stritch, (eds.) *The New Corporatism.* Notre Dame: University of Notre Dame.

Schraum, Thomas H. 2003. *Conceptualizing Qualitative Inquiry: Mindwork for Fieldwork in Education and the Social Sciences.* Upper Saddle River, NJ: Pearson Education, Inc.

Schüddekopf, Otto-Ernst. 1973. *Fascism.* New York: Praeger Publishers.

Sheskin, David. 2004. *Handbook of Parameters and Non-parametrical Statistical Procedures.* London: Chapman and Hall/CRC.

Shubert, Adrian. 1990. *A Social History of Modern Spain.* London: Unwin, Hyman, Ltd.

Simmons, John G. 2002. *Doctors and Discoveries: Lives that Created Today's Medicine, from Hippocrates to the Present.* Boston: Houghton, Mifflin Company

Sobe, Noah W. 2005. Balkanizing John Dewey. http://www.luc.edu/faculty/nsobe/NWS%20--%20Balkanizing%20John%20Dewey%20DEWEY%20BOOK%202005.pdf

Soucy, Robert J. 1966. The Nature of Fascism in France. *Journal of Contemporary History.* Thousand Oaks, CA: Sage Publications, Ltd.

Strauss, Barney, Anselm Strauss, and Juliet Corbin. 1998. *Basics of Qualitative Research: Techniques and Procedures for Developing Grounded Theory.* Thousand Oaks, CA: Sage Publications.

Unamuno, Miguel de. 1913. Tragic Sense of Life. Reprinted in *Barnes and Noble Library of Essential Reading.* Schroeder, Steven (ed.) 2006. New York: Barnes and Noble Publishing, Inc.

U.S. Library of Congress. 1988. Foreign Policy Under Franco. *Country Studies, Spain*, 1988.

Walsh, Sylvia. 1994. Echoes of Absurdity: The Offended Consciousness and the Absolute Paradox in Kierkegaard's Philosophical Fragments. In *International Kierkegaard Commentary, Philosophical Fragments and Johannes Climacus*, Robert L Perkins (ed.) Macon, Georgia: Mercer University Press, 33.

Weber, Eugene. 1964. *Varieties of Fascism: Doctrines of Revolution in the Twentieth Century*. New York: Van Nostrand Reinhold.

Weiss, John. 1967. *The Fascist Tradition*. New York: Harper and Row.

Wilhelm, Ron. 1998. España Nuestra: The Molding of Primary School Children for a Fascist Spain. In *Journal of Curriculum and Supervision*, 13(3).

Viñao, Antonio. 2004. *Escuela para todos, Educación y modernidad en la España del siglo XX*. Madrid: Marcial Pons.

NOTA BIOGRÁFICA

Joan Cicero Domke recibió su bachillerato en los trabajos sociales (B.S.W.) de la Universidad de Illinois en Champaign-Urbana. Después de graduarse, se entró en el Peace Corps, estacionada en Puerto Rico. Después, hizo su maestría y su certificado administrativo en educación y el de la Universidad de Northern Illinois en DeKalb, Illinois, mientras estudiando español a la Universidad de Illinois a Chicago y Wheaton College en Wheaton, Illinois. También ha estudiado español y la ciencia política al Ibero-Americano en México, D.F. Más recientemente, recibió su Doctorado (Ph.D). de la Universidad de Loyola Chicago con formación en estudios culturales y políticos con un énfasis en educación comparativa y internacional. Hoy es una profesora cerca de Chicago donde vive con su esposo.

NOTA BIOGRAFICA

José Antonio Ávila Romero es profesor titular del Instituto Cervantes de Chicago. Con formación en Máster y Doctorado por las universidades de Granada y Sevilla, ha dedicado su actividad académica a la enseñanza del español, la investigación, la traducción, elaboración de artículos sobre la temas culturales y lingüísticos, así como a la publicación de materiales didácticos de español en internet. Ha desarrollado su experiencia docente en universidades e instituciones de países como Francia, República Checa, Bulgaria, Eslovaquia, Suecia, Rumanía y Chicago.

En colaboración con la Doctora, traductora y abogada Yolanda Martínez, ha traducido la presente tesis de la Doctora Joan Domke, en un interesante recorrido por la historia reciente española, que nos muestra la situación política, social y sobre todo el programa educativo, diseñado durante este período de la dictadura española.

Printed in the United States
By Bookmasters